Betz Architekten

2. stark überarbeitete und erweiterte Auflage
2nd considerably revised and enlarged edition

Übersetzungen ins Englische | Translations into English:
Angela Hawkins (Gottfried Knapp)
Mary Popper (weitere Texte | further texts)
Lektorat | Copy editors:
Sigrid Hauser, Geoffrey Steinherz
Herstellung und Gestaltung | Production and design:
Rosa Wagner
Reproduktionen | Artwork:
Pallino, Ostfildern
Druck und Einband | Printed and bound by:
Dr. Cantz'sche Druckerei, Ostfildern

Printed in Germany
ISBN 3 8030 0170 6

Betz Architekten

Herausgegeben von Gottfried Knapp
Edited by Gottfried Knapp

Inhaltsverzeichnis | Contents

„Wenn die Welt irgendwann Gericht hält über die Architektur des 20. Jahrhunderts, werden Betz Architekten vergleichsweise wenig zu befürchten haben." Dieser Schlusssatz aus der 1997 erschienenen Monographie über das Werk von Betz Architekten eignet sich gut als Anfangssatz für das zweite Buch, das dem Münchner Architekturbüro gewidmet ist. Denn die Bauten, die aus dem ersten in dieses zweite Buch übernommen wurden, erleben in den neuen, kraftvoll die architektonischen Eigenheiten herauspräparierenden Fotografien des Juniorpartners Oliver Betz ihre zeitgemäße Einordnung, ja Wiederentdeckung. Die Objekte aus älterer Zeit aber, die hier zum ersten Mal vorgestellt werden, und die in den letzten Jahren neu dazugekommenen Werke wirken in ihrer individuellen Präsenz so, als seien sie eigens erfunden worden, um die Themen und Thesen aus dem ersten Buch nachträglich zu bestätigen. So könnte man, wie eben angedeutet, dessen Einführungstext hier im Vorwort des zweiten Buchs Satz für Satz von hinten her noch einmal aufrollen, um das erweiterte Gesamtwerk präzise zu charakterisieren.
Wir wollen an dieser Stelle aber nur zwei Sätze lang zitierend in das erste Buch zurückblenden, um den baukünstlerischen Anspruch anzudeuten, dem sich Betz Architekten verpflichtet fühlen: „Sie versuchen – entschiedener als die meisten Kollegen – ein Bauwerk aus seiner Funktion und aus seiner räumlichen Situation als etwas Eigenes, als singuläres Individuum zu definieren. So gelingt ihnen neben Gebräuchlichem immer wieder das Besondere, das Außergewöhnliche."
An einem der neuesten Bauten, der „Nymphe 3", einem Bürozentrum in München, lässt sich dieses Resümee von 1997, das aus dem Zusammenhang gerissen zunächst etwas pauschal klingt, sehr schön präzisieren. Auf dem unpraktisch schmalen und langen, erst am Ende sich weitenden Grundstück an der Nymphenburger Straße, das von extrem heterogenen Bauten und Freiflächen flankiert ist, sollte laut Bebauungsplan ein sich in alle Winkel ergießendes, wie ein Pfropfen im engen Flaschenhals sitzendes zweigeschossiges Geschäftsgebäude errichtet werden, aus dessen charakterlosem flachen Baukörper vorne an der Straße und hinten in der Erweiterung je ein banaler Bürohausturm emporsteigen sollte.
Als Betz Architekten die Planung übernahmen, konnten sie den Investor und die städtischen Baubehörden von ihrer fundamental gegensätzlichen, den Ort aufwertenden ästhetisch-humanen Lösung überzeugen. Sie verteilten die Baumasse des Bürozentrums auf einen hohen Torturm vorne an der Nymphenburger Straße, auf zwei den Weg nach hinten flankierende Flachbauten und vier sich am Ende zu einer reizvollen Gruppe schließende, unterschiedlich hohe Türme, öffneten also einen Fußweg durch den Engpass zur südlich gelegenen Karlstraße hin und statteten ihn mit den Reizen eines aufwändig gestalteten Gartens aus. An mehreren Stellen wurden Pflanzgruben in die Tiefgarage abgesenkt, um den gesetzten Bäumen ein gedeihliches Wachstum zu ermöglichen. Zwei dreieckige Wasserbecken mit Bodensprudlern empfangen den Besucher, der den Hof betritt; ein Wasserlauf begleitet ihn nach hinten in den weiten Grünraum zwischen den vier Türmen, in dessen Mitte ein fünfeckiger Glaspavillon in einem weiteren Wasserbecken auf die subtile Geometrie der umstehenden gläsernen Kuben reagiert.
In den Grundrissen haben die Architekten rechte Winkel und parallele Fluchten weit gehend vermieden. Fast alle Einzelbaukörper ergehen sich in betont spitz- oder stumpf-

"When judgement is passed on the architecture of the 20th century, Betz Architects will not have much to worry about." That closing statement from the 1997 monograph on the works of the Betz Architects is an appropriately introduces the second monograph dedicated to the Munich-based architects. The buildings from the first book included in the new one undergo a sort of déjà vu in the powerful photographs by junior partner Oliver Betz. The older buildings, some presented here for the first time, and the newer ones, appear as if they were invented for no other purpose than to retrospectively confirm the themes and theses of the first book. One could easily take the introduction from the first book and invert it sentence for sentence, from beginning to end, for the foreword in the second book, to characterize precisely the completion of the work. We will only here however flash back to two sentences from the first book to indicate the architectural demands that Betz Architects feel obliged to fulfill: "They attempt – more convincingly than most of their colleagues – to define a construction as something singular and unique by way of its function and spatial situation. As a result, in addition to the functional, they always achieve something special, something extraordinary."

One of their most recent projects, "Nymphe 3" (an office complex in Munich), fits this criterion well, demonstrating precisely this summary from the first book. On this ill-suited, long and narrow plot of land in the Nymphenburger Street, which only widens at the rear and is flanked by extremely heterogeneous buildings and open spaces, a flat and characterless two-story commercial building was planned to fill in the empty spaces like a bottle stopper, where in front on the street and in back in the widened area banal office towers were to be erected.

However, when the Betz Architects took over the planning, they were able to convince the investor and civil planning authorities with a fundamentally different idea that would increase the value of the site with an aesthetic and more human solution. They divided the construction of the office center into a tower gate at the opening of the lot along the Nymphenburger Street, two long flanking flat constructions toward the back, and a charming group of four towers of varying height, thus opening up the "bottle neck" to provide for a pedestrian area and attractively modeled garden through to the Karl Street. Planting pits were installed in the parking garage in order to allow the trees sufficient room to develop. Two triangular shaped water basins with fountains welcome visitors in the courtyard; a waterway stretches toward the back into the landscaped areas between the four towers with a pentagonal glass pavilion in the center of another pool, reacting to the subtle geometry of the surrounding glass cubes.

Right angles and parallel rows were avoided in the ground plans. Almost all of the individual constructions indulge in pointed or obtuse angles and react with subtle shifting to the surrounding areas. The glass skin and sharp edges look like finely cut and polished crystals, which during the day mirror meteorological events and at night become transpar-

winkligen Formen und reagieren mit subtilen Verschiebungen auf ihre Nachbarschaft. Mit ihrer glatten gläsernen Haut und ihren scharfen Kanten wirken sie wie geschliffene Kristalle, die bei Tag die meteorologischen Ereignisse spiegeln, bei Nacht aber transparent werden. Von besonderem Reiz sind die hinter der Glashaut in kräftigem Rot aufleuchtenden Treppenhäuser, deren repetierte Diagonalbewegungen die gläserne Folie mit einem lebendigen grafischen Rhythmus hinterlegen.
Statt des Betondeckels, der ursprünglich über das gezackte Grundstück gelegt werden sollte, gruppiert sich jetzt also ein höchst lebendiges Ensemble um einen Gartenhof, um einen öffentlichen Durchgang, der zum Bleiben einlädt. So wundert es einen nicht, dass ein Foto der „Nymphe 3" als Blickfang die Titelseite des Architektur-Führers „Neues München" von Nicolette Baumeister ziert. Wann je wurde in dieser Stadt ein Bürozentrum mit solchen ästhetisch-skulpturalen und öffentlich-freiräumlichen Qualitäten erdacht, offiziell zugelassen und dann auch noch real gebaut?
Nicht nur im Münchner Stadtbild nehmen die gläsernen Kuben am Beginn der Nymphenburger Straße eine Sonderstellung ein; auch im Werk von Betz Architekten haben sie, wie alle Objekte, die hier vorgestellt werden, keine direkten formalen oder funktionalen Vorläufer. Und dennoch lässt sich im Geistigen eine Verbindung zu jenem Bürogebäude ziehen, mit dem Walther und Bea Betz in den siebziger Jahren des 20. Jahrhunderts in München Baugeschichte geschrieben haben: zum Verwaltungshochhaus der damals noch ohne die Vereinsbank agierenden Hypo-Bank. Bei ihrem Versuch, die Masse der Büroarbeitsplätze so über den Bau zu verteilen, dass fast alle Plätze mit natürlichem Licht beschickt werden können und psychologisch mit der Außenwelt verbunden sind, haben Betz Architekten alle Konventionen des Hochhausbaus kühn missachtet. Statt eines ausladenden Sockelbaus, in dem alle Mittelräume künstlich belichtet werden müssen, haben sie einen in eleganten Kurven immer wieder zurücksetzenden oder vorwärts stoßenden dreigeschossigen Flachbau, der zusätzlich noch durch eingelagerte Gartenhöfe aufgelockert wird, als horizontales Element auf das Grundstück modelliert. Und statt des üblichen massigen Vierkant- oder Rundhochhauses, bei dem die Fensterflächen auf ein Minimum reduziert, alle Räume um den Versorgungskern aber miserabel belichtet sind, haben sie einen ‚extrovertierten' Stelzenbau errichtet, bei dem das Tragwerk wie auch die vertikalen Verkehrsachsen von innen nach außen gerückt sind. Über der taillenartig schlanken Mitte des Sockelbaus stemmen vier kreisrunde schlanke Pylone und ihr großer Bruder, der ebenfalls runde Lifteschacht, die gewaltige restliche Baumasse hoch hinauf in den Münchner Himmel. Doch auch diese von außen her sichtbar aufgehängte Masse baumelt nicht wie ein plumper Sack in der Höhe. Zwischen die Tragepfeiler sind drei unterschiedlich hohe, im Grundriss jeweils dreieckige Zylinder gehängt, die mit ihren nach außen gekehrten spitzen Kanten frech an den Pylonen vorbei ins Freie zielen, in der Mitte aber miteinander verschmelzen: Sie vereinigen sich so zu originell geschnittenen Großräumen, die über das ausgesparte vierte Dreiecksegment, über die allseits nahen Außenwände und über die verglasten Spitzen der Dreiecke fantastische Ausblicke auf die Stadt und die Alpen, aber auch auf die aluminiumglänzende Eleganz der Außenwände und die dynamische Tragekonstruktion bieten.
Die auf den ersten Blick kapriziös wirkenden Formen des ausschwingenden Sockelbaus und der darüber gehäng-

ent. Particularly attractive are the red illuminated stairwells, which underscore the glass surface with a lively graphic rhythm through their diagonal repetition. Instead of the concrete lid originally intended to cap off the lot, an inviting and lively group of constructions now stands around a garden courtyard and public thoroughfare. It is no wonder that a photograph of the "Nymph 3" site adorns the cover of Nicolette Baumeister's architectural guide "Neues München". After all, when was the last time an office center of such aesthetic sculptural and open quality was planned, authorized and actually built in this city?
The glass cubes at the beginning of Nymphenburger Street enjoy not only a unique status within the cityscape of Munich, but, as with all works by Betz Architects, they have no direct formal or functional predecessors. Yet at the same time there is a spiritual connection to the office building with which Walther and Bea Betz wrote architectural history in the 1970's in Munich: the administrative high-rise of the Hypo-Bank (now Hypo-Vereinsbank). With their attempt at dividing the building structures so that all office spaces would be provided with natural light and a psychological connection to the outside world, the Betz Architects skillfully avoided all high-rise architecture conventions. Instead of an uninspired base pedestal in which all central rooms would have to be provided with artificial lighting, they modeled an elegantly curved, alternating three-story construction with landscaped inner courtyards as the horizontal element on the lot. And instead of a massive four-sided or round high-rise where all windowed areas are reduced to a minimum and all rooms around the main supply system are miserably lit, they erected an "extroverted" stilted construction so that the supporting elements and the vertical access axes are moved from the inside toward the outside. Above the diminished, waist-like middle of the base four slender round pylons and their "big brother", the round elevator shaft, rise up high up above the rest of the construction up into the Munich sky. But these hanging elements visible from outside do not just look like a plump sack. Between the supporting beams are three hanging triangular cylinders of different heights, with their outwardly turned sharp edges shooting past the pylons but melting together in the middle to ingeniously form very large rooms, offering excellent views of the city and the alps through the missing fourth triangular segment as well as the gleaming aluminium elegance of the exterior walls and the dynamic support structure. The office areas lie behind initially capricious seeming forms of the outward swinging base construction and the story blocks which run together in a pointed form. And the office center in the Nymphenburger Street, developed almost 30 years later, is very similar. The crystalline form of the office towers develops its own stereo-metric life, which for those working inside almost becomes an event. Lively views radiate in all directions from the smallest change in position in the bright office levels. The strong form of the ensemble is not a problem here for the function as is often the case in so many exacting – and sometimes deconstructionist – architectural monuments of recent years: the beauty of

ten, spitz zulaufenden Stockwerkskästen sind also aus der Funktion der dahinter liegenden Büroräume entwickelt. Und auch bei dem fast dreißig Jahre später entwickelten Bürozentrum an der Nymphenburger Straße ist es ähnlich: Die kristallinen Formen der Bürotürme entwickeln ein stereometrisches Leben, das vor allem für die Menschen, die in diesen Bauten arbeiten, zum Ereignis wird. Schon bei kleinen Rochaden innerhalb der hellen Bürogeschosse tun sich lebendige Aus-, Durch- und Tiefblicke in wechselnde Richtungen auf. Die ausgeprägte Gestalt des Ensembles wird hier also nicht zu einem Problem für die Funktion wie in so vielen formal anspruchsvollen – etwa dekonstruktivistischen – Architekturmonumenten der letzten Jahre, die Schönheit der „Nymphe 3" korrespondiert aufs glücklichste mit ihrer Funktion.
Dieser Satz lässt sich auch auf frühere Bürobauten von Betz Architekten anwenden. Beim Landeskriminalamt in Berlin-Tempelhof, das sich einen schiffsartig lang gestreckten Straßenblock mit einigen älteren Wohnbauten an der Spitze teilt, haben die Architekten dort, wo die Behörden eine Sicherheitszone und hohe Zäune verlangten, eine Wasserfläche angelegt, die zu den Wohnbauten hin in einen Kinderspielplatz übergeht. Die Polizei spendiert mit ihrem Neubau den Nachbarn also beiläufig ein schönes Freizeitgelände. Auch sonst entwickelt der Bau humane Qualitäten, wie man sie von einer Zentrale der Verbrechensbekämpfung nicht erwarten würde. Die Bürotrakte sind in dem lang gezogenen, U-förmigen Baukörper so übereinander postiert, dass die Zimmer Ausblick auf die Gartenterrassen haben, die zwischen den Schenkeln des ‚Us' in Stufen zum Teich hinabsteigen. Begleitet wird die grüne Terrassenlandschaft im Hof von einem überdachten Gang, in den der Künstler Wolf-Dieter Trüstedt ein anspielungsreiches Lichtspiel eingebaut hat: Jeder Benutzer der Passage wird auf seinem Weg hinunter in die Cafeteria oder zurück in die Büros von an- und ausgehenden Lampen begleitet und verfolgt; die Mechanik der kriminalistischen Beobachtung ist hier also ins Bildnerisch-Spielerische übersetzt.
Mit dem runden gläsernen Pavillon der Cafeteria unten an der Wasserfläche, mit dem Wasserfall, der daneben über mehrere Kaskaden in den Teich stürzt, mit den hängenden Gärten dahinter und dem quer darüber gelegten, eleganten, gläsernen Brückenrohr – es schafft eine Verbindung zwischen den Büro- und Labortrakten – kann das Landeskriminalamt zum bewohnten Teil des Blocks hin einen Optimismus an den Tag legen, wie er sonst allenfalls florierenden Forschungsinstituten zugestanden wird. In der Gegenrichtung, zum Bayernring hin, wo die aufwändig gesicherten Zufahrten zum Zellentrakt, zum Bereitschaftsgericht und zu den Tiefgaragen liegen, gibt sich der Bau zwangsläufig zugeknöpfter. Doch auch hier nehmen die in regelmäßigen Abständen nach außen gestellten, aus Glasbausteinen gefügten runden Treppenzylinder, die nachts wie eingestellte riesige Lampions die Fassaden rhythmisieren, und die dreigeschossige gläserne Verbindungsbrücke über den Ring, die alle Bewegungen zwischen Alt- und Neubau offen zeigt, dem Amtssitz der Kriminalisten allen Schrecken, alle Düsternis. So kann man den Neubau des Berliner LKA als ein Musterbeispiel für ein zeitgemäß offenes Amtshaus bezeichnen – ein Haus, das die traditionellen Fronten zwischen den Ordnungsbehörden und der Öffentlichkeit aufzuweichen imstande ist.
Um den baukünstlerischen Mehrwert anzudeuten, den Betz Architekten in schönem Regelmaß bei ihrer Arbeit erbracht haben, seien hier so grundverschiedene Archi-

"Nymphe 3" corresponds harmoniously with its function.
This also applies to earlier Betz Architects constructions. At the Berlin-Tempelhof State Police Department, which shares a long ship-like street block with residential buildings, and required a security area with high fences, the architects laid out an area with water that extends through the residential buildings and into a playground for children. As a result, the police incidentally "donated" their neighbors a valuable park and leisure area. The building also has other gentle touches that one would normally not expect from a law enforcement center. The office tracts are in long U-shaped constructions, placed on top of one another so that the offices all have views of the garden terraces that have been laid out between the U-shaped form down to the pond. The green terrace landscape is accompanied by a covered walkway in the courtyard equipped with a playful light installation by the artist Wolf-Dieter Trüstedt. Blinking lights lead and follow all visitors through the passage to the cafeteria or back to their offices, translating the technology of criminal observation in a playful, pictorial way. With its round, glass cafeteria pavilion, alongside which cascades flow down to the pond, with hanging gardens and an elegantly transparent bridge connecting the office to the laboratories, the State Police Department offers a sense of optimism to the residential area that is usually reserved for such buildings as research centers. In the opposite direction, toward the Bayernring, where the security entrances, cell blocks, legal offices and parking garages are located, the building becomes understandably more reserved. But even on this side, the external stairwells, made of cylinder-formed glass blocks and lit up at night like huge Japanese lanterns, and the three-level glassed connecting bridge, show all movement between the buildings and act to reduce the sense of fear and darkness that the criminal headquarters might otherwise pose for its neighbors. The Berlin State Police Department is an excellent example of a contemporary and open public building – a building capable of softening the dividing lines between official authorities and the public.
To point out the architectural value that the Betz Architects have regularly provided with their work, here are just a few more examples, from the Resort Spa in Bad Reichenhall and the annex of the Hypo-Bank headquarters in Munich. In Bad Reichenhall, a 650-seat theater, a casino, restaurants, and spa administrative offices had to be united in one building. Walther and Bea Betz grouped the heterogeneous elements harmoniously around a water basin and created a sort of open-air foyer: an open area with round supporting posts that direct the observer's view to the surrounding mountain ranges. On the inside of the flanking theater and casino area, they achieved something like the squaring of a circle: the invocation of a festive atmosphere with decidedly modern design by harmonizing and contrasting elegant materials and soft colors.
The annexation of the Hypo-Bank headquarters in Munich was originally meant to simply provide for more office space. However, what was achieved developed spatial and sculptural dimensions that cata-

tekturen wie das Kurgastzentrum in Bad Reichenhall und der Erweiterungsbau der Hypo-Bank-Zentrale in München kurz charakterisiert. In Reichenhall mussten ein Theater mit 650 Plätzen, die Spielbank, gastronomische Betriebe und die Einrichtungen der Kurverwaltung in einem Baukomplex vereint werden. Walther und Bea Betz gruppierten die heterogenen Elemente harmonisch um ein rundes Wasserbecken und eröffneten von dort aus eine Art Foyer unter freiem Himmel, einen mit Rundpfeilern festlich instrumentierten Freiraum, der den Blick hinaus auf die Berge lenkt. Im Inneren des seitlich anschließenden Theater- und Spielbankkomplexes gelang ihnen etwas wie die Quadratur des Kreises: die Beschwörung einer gehobenen festlichen Atmosphäre mit dezidiert modernen Gestaltungsmitteln – mit dem exquisiten Mit- und Gegeneinander edler Materialien und sanfter Farben.
Der Erweiterungsbau der Hypo-Bank-Zentrale in München sollte eigentlich nur ein deutliches Plus an Büroflächen erbringen. Das was am Ende gebaut wurde, entwickelt jedoch räumliche, ja bildkünstlerische Qualitäten, die das monofunktionale Gebilde weit über den ursprünglichen Zweck, über die nüchterne Verwaltungsebene, hinausheben. Für die Erfinder des Hochhauses war es selbstverständlich, dass sie ihrer eigenen extravaganten Turmkreation, dem formal inkompatiblen Hypo-Monolithen, mit einem zwar deutlich untergeordneten, in den Formen aber gänzlich eigensinnigen Solitär gegenübertraten. Sie setzten einen im Grundriss L-förmigen Büroriegel an die vom Hochhaus abgewandten Außenkanten des fast quadratischen Neubauareals, ließen auf den Innenseiten des ‚Ls' gläserne Pultdächer vom sechsten bis zum vierten Obergeschoss hinunterfahren, schufen also ein helle, vielfältig nutzbare Galerie als Puffer zwischen dem rahmenden hohen Außentrakt und dem nur noch viergeschossigen L-förmigen Innenbau, der in Stockwerksstufen bis zur Grundstücksecke, also in Richtung Hypo-Turm, abgetreppt ist.
Der zweite Bauabschnitt erweist also dem ersten gestisch seine Reverenz, entwickelt aber ganz eigene Qualitäten. Die lichtdurchflutete Halle im Herzen des Bauwerks mit ihrem versenkbaren Podium, mit den diagonal durchschießenden Brücken, mit den eingehängten Segeln, mit der baumartig aufwachsenden stählernen Treppenspindel und den wie Schmetterlingsflügel hochklappbaren Glasdächern ist eine Raumkreation von großer Suggestion, die bei Modeschauen, Empfängen oder Kunstausstellungen ihren Glanz auszuspielen vermag. Besonders die vom Eingang an der Ecke aus über vier Stockwerke diagonal den Innenbau durchstoßende Himmelstreppe wird – modelliert durch das von oben einfallende Tageslicht – zur autonomen Skulptur, zum bildnerischen Element. Der große amerikanische Lichtkünstler Dan Flavin hat die Chance, die ihm diese freigestellte Treppe bot, erkannt und die vier Abschnitte der Treppenunterseite mit vier verschiedenen Neonfarben so rhythmisiert, dass im farbig aufleuchtenden Treppenschacht ein Lichtkunstwerk von hohem Rang entstand. Mit ihm schloss sich ein Kreis: So wie nebenan im jähen Vertikalraum der Hypo-Hochhaus-Lobby George Rickey, der Meister der beweglichen Stahlskulpturen, mit einer Folge hängender Dreieckselemente die Dreiecksformen der darüber eingehängten Stockwerke paraphrasierte, so überhöhte hier im östlichen Ableger Dan Flavin die vom Tageslicht modellierten Formen der Architektur mit farbigem Neonlicht zum dynamischen Kunstwerk.
Und noch eine Sonderleistung ist vom Hypo-Haus 2 zu vermelden. Vor die beiden gläsernen Außenwände des

pult the single-purpose requirement far beyond the original intention of sober administration. For the sculptors of the high-rise it was a given that they construct a new and completely individualistic structure, even if it were to be subordinate to their own original extravagant creation, the unique form of the Hypo-monolith. They located an L-shaped office tract on the outer edges of the high-rise in the almost quadratic new building area. Then they placed glass ceilings on the inner side of the L-shaped construction from the sixth to the fourth stories thus creating an airy and useful gallery as a buffer between the framing outside section and the four-story L-shaped inner structure which itself is terraced down to the outer boundaries of the plot toward the Hypo-Tower. The new construction shows the respect due to the original construction, but develops its own individual qualities. The well-lit entrance hall with its movable podium, its diagonal bridges and hanging sails, its tree-like spiraling staircases and the removable butterfly wing ceiling panels is a spatial creation of great suggestion, suitable to host fashion shows, receptions or art exhibits. As an autonomous structure, the staircase at the corner entrance, shooting up over four levels and lit by natural light from above, is a sculptural element in itself. The American light artist Dan Flavin recognized the opportunity this staircase offered and rhythmically adorned the underside of the stairs in four sections with four different neon colors, creating another high-level work of artistic design. And with him, a circle was closed: just as George Rickey – master of moving steel sculptures – paraphrased the triangular forms of the levels above with hanging triangular elements in the abruptly vertical lobby of the Hypo-Tower, so did Dan Flavin succeed in creating a dynamic work of art reflecting the architectural form of the east-wing construction. But there is another special achievement to mention in Hypo-Haus 2: on top of the external glass surfaces of the framing tract, a second glass wall was located one-and-a-half meters away with individual elements that open and close like blinds. Not only does this second transparent "skin" keep out street noise, but it also serves as a climate buffer, re-directing warm rays from the sun away from the building in the summer, and directing natural light toward the center of the building in the winter. On the outside, the free-hanging glass wall mirrors meteorological events, a sort of kinetic imagery that changes according to the weather and time of day, and communicates with the artistic lighting of the staircase.
Since the residential and school buildings were covered to a great extent in the first book, here are just a few general observations. Just as both constructions for the Hypo-Bank mastered the office building theme with very different means, so too were the two Haury houses constructed to satisfy country residential needs, even if the second house was built for the same owner almost 18 years later on the same swampy plot of land on the Lake of Starnberg. The rebellious gleaming white cube of the first house – today inhabited by the Haury children – fulfills the vision of weightlessness suspended over the earth; a modern villa with exact counterpoints to the surrounding natural environ-

rahmenden Trakts wurde in anderthalb Meter Entfernung eine zweite Glaswand gehängt, deren querrechteckige Einzelelemente sich wie Lamellen öffnen und schließen lassen. Diese zweite transparente Haut hält nicht nur den Lärm der Straße von den inneren Klappfenstern ab, sie fungiert auch als Klimapuffer, lenkt in entsprechender Schrägstellung die Wärmestrahlung nach außen ab, kann aber an Wintertagen auch das flach einfallende Tageslicht bis tief ins Innere des Hauses umlenken. Nach außen hin wird die frei hängende Glaswand zum Spiegel meteorologischer Ereignisse, zum kinetischen Bildwerk, das je nach Wetterlage und Tageszeit sein Aussehen ändert, also mit dem künstlerischen Lichtwerk im Treppenhaus spielerisch kommuniziert.
Da die Wohn- und die Schulbauten von Betz Architekten im ersten Buch ausführlich abgehandelt worden sind, sollen hier nur noch ein paar allgemeine Beobachtungen angehängt werden. So wie die beiden Bauten für die Hypo-Bank das Thema Bürogebäude mit ganz unterschiedlichen Mitteln bewältigen, so deuten auch die beiden Häuser Haury, die im Abstand von 18 Jahren auf demselben moorigen Grundstück in der Nähe des Starnberger Sees für denselben Bauherrn errichtet wurden, das Thema Landhaus auf ganz unterschiedliche Weise aus. Der aufgeständerte, strahlend weiße Kubus des ersten Hauses – er wird heute von den Kindern Haury bewohnt – erfüllt die Vision des fast schwerelos über der Erde schwebenden, die Natur mit exakten Stereometrien kontrapunktierenden modernen Villentyps besonders prägnant. Das zweite Haus mit seiner quasi kreatürlich der Erde entwachsenen Gestalt, mit seinen schindelverkleideten, zeltartig tief herabgezogenen Dächern und Wänden, ordnet sich mit Überzeugung dem Horizont der hohen Bäume unter, passt sich ein in die gewachsenen Strukturen, ja es verschwindet fast ganz im Gehölz, markiert also eine entschiedene Gegenposition zum ersten Haus. Beim Interpretieren der sich wandelnden Wünsche eines einzigen Bauherrn haben Walther und Bea Betz also die Möglichkeiten der Variation innerhalb des stilistischen Spektrums der Moderne auf besonders eindrucksvolle Weise genutzt.
An den Grundrissen für das Haus des Musik- und Literaturpublizisten Joachim Kaiser, die wie eine graphische Niederschrift musikalischer Ereignisse oder elektronischer Klänge gelesen werden können – der Musikliebhaber und Pianist Walther Betz scheint hier mit einem Geistesverwandten aus der schreibenden Zunft zu konferieren –, ließe sich zeigen, wie Betz Architekten die in der Architektur der 1970er- und 1980er-Jahre notorisch überstrapazierten Sechseckmuster und -winkel durch subtile Streckungen, Dehnungen und Segmentierungen variierten und belebten, also quasi ‚Musik' in ein Allerweltsmotiv brachten. Die Volksschule in Rottendorf schließlich führt vor, wie durch kluge Staffelung und Verschiebung der im Schulhausbau damals sehr gebräuchlichen Sechsecke in der Mitte der Anlage ein vielfältig nutzbarer großer Gemeinschaftsbereich geschaffen werden konnte, der mit den von oben belichteten seitlichen Treppenschächten und mit den präzise gesetzten Farbelementen ausgesprochen skulpturale Qualitäten entwickelt.
Bei den Reihenhaussiedlungen fallen vor allem die Uminterpretationen der Eingangs- und der Gartensituationen auf. In München-Pasing beispielsweise haben Betz Architekten jeweils 18 Reihenhäuser in U-Form um gemeinsam nutzbare, ruhige, begrünte Zugangshöfe gestellt. Die Garagen sind dabei paarweise so nach vorne gezogen, dass sich darüber geräumige Terrassen auftun.

ment. The second house, with its almost earthly natural design of shingle-covered steep roofs and walls, subordinates itself to the horizon of tall trees and fits in with the living structures, almost disappearing into the woods itself, and stands in juxtaposition to the first house. By interpreting the changing desires of one single client, Walther and Bea Betz took advantage of the variety of opportunities of the modern stylistic spectrum in a particularly impressive way. With the ground plan for the music and literary journalist Joachim Kaiser's house, which can almost be read like the notation of musical events or electronic sounds, music fan and pianist Walther Betz seems to have corresponded with a literary soul mate. In this case, the Betz Architects proved their capabilities in bringing new life, almost music if you will, into the notoriously overdone hexagonal architectural style of the 1970s and 80s by subtly extending, expanding and segmenting. The elementary school in Rottendorf expresses how, by clever staggering and shifting of the hexagonal courtyards commonly used in school buildings, a large, manifold common area can be created, which with side stairwells lit from above and precisely placed color elements develops a distinct sculptural quality.

With the residential areas, a re-interpretation of the entrances and landscaped areas is noticeable. In Munich-Pasing for example, the Betz Architects located 18 row houses in a U-shaped form around a common, landscaped courtyard entrance. The garages were placed in pairs toward the front so that their roofs could be used as spacious terraces. The backyard gardens border against the backyard gardens of the (also U-shaped) neighboring houses, thus fully shielding them from all traffic. Today, 20 years later, one can still experience the vitality and human qualities of these houses, deeply imbedded in nature and shielded from passing traffic.

Architectural monographs invite retrospective judgment and review of earlier defined values. By leafing through the pages of such anthologies, one can ask how older buildings have held up to stylistic preferences. Do buildings from the 1970's and 80's still have something to say today? Betz Architects have gone before the jury once again, knowing that their works can stand up to the subsequent tests of quality. They do not deny the contemporary nature of their buildings, and instead of exhausting themselves in observing the latest trends, they maintain their own willful individuality. Some of their creations have in fact gained credibility over the years. The Hypo-Haus, for example, was respected but not loved at first. That has changed. Today it is highly praised as a characteristic monument of eastern Munich and is considered a piece of "homeland", even by the most fanatical high-rise opponents who otherwise fight against all new local high-rise projects. In looking for an architectural expression appropriate for the time when Munich was considered the "secret capital" of Germany, only the two well-known high-rises on the middle perimeter come to mind: the "extroverted" Hypo-Haus from Betz Architects and the "introverted" BMW-Tower, the four-cylinder building by Karl Schwanzer.

Buildings as characters. If one takes the phenom-

Die Gärten auf den Rückseiten aber grenzen an die Gärten der ebenfalls U-förmigen Nachbargruppierungen, sind also ganz gegen den Verkehr abgeschirmt. Heute, zwanzig Jahre nach der Inbesitznahme durch die Eigentümer, kann man die humanen Qualitäten dieser tief ins Grün gebetteten, vom vorbeifahrenden Verkehr verschonten Häuser vital erleben.
Monographische Architekturbücher laden zu retrospektiver Beurteilung, zur Überprüfung der einmal definierten Werte ein. Man fragt sich beim Durchblättern solcher anthologischer Werkstattberichte, wie sich ältere Bauten im Wechsel der stilistischen Vorlieben gehalten haben? Sind Objekte der 1970er- oder 1980er-Jahre heute noch vermittelbar? Wo zeigen sich Schwächen? Betz Architekten haben sich diesem Test nun ein zweites Mal gestellt, wohl wissend, dass ihr Werk auch nachträglichen Qualitätsprüfungen standhält. Ihre Bauten verleugnen nicht ihre Zeitgenossenschaft, doch sie erschöpfen sich nicht in der Erfüllung temporärer Normen, sie bewähren sich als eigenwillige Individuen. Ja einige ihrer Kreationen haben im Lauf der Jahre und Jahrzehnte sogar noch an Glaubwürdigkeit gewonnen. Das Hypo-Hochhaus beispielsweise ist anfangs zwar mit Respekt zur Kenntnis genommen, aber nicht wirklich geliebt worden. Das hat sich geändert. Heute wird das Haus selbst von den fanatischen Münchner Hochhausgegnern, die im lokalen Hochhausstreit alle Neubauprojekte erbittert bekämpfen, als charakteristisches Monument des Münchner Ostens in hohen Tönen gelobt, ja als ein Stück Heimat gefeiert. Wenn man nach einem architektonischen Ausdruck für die Jahre sucht, in denen sich München als ‚heimliche Hauptstadt Deutschlands' fühlen durfte, dann bleiben nur die beiden bekannten Hochhäuser am mittleren Ring übrig: das ‚extrovertierte' Hypo-Haus von Betz Architekten und der ‚introvertierte' BMW-Turm, der gelängte Vierzylinder von Karl Schwanzer.
Bauten als Charaktere. Nimmt man die phänomenologisch-ästhetische Definition des „Charakter"-Begriffs aus „Meyers Lexikon" zum Maßstab, dann haben Betz Architekten eine ganze Reihe von ‚eigentümlichen Charakteren' geschaffen: „Die in Einzelaspekten wie in der Gesamterscheinung phänomenal hervortretende Eigenart oder Eigentümlichkeit (Wesen, Gestalt) eines Dinges, eines komplexen Gebildes" lässt sich im Betz'schen Werk immer wieder konstatieren. Die Deutsche Botschaft am Belgrave Square in London etwa hat mehrere britische Architekturpreise auf sich vereint; mit ihrer klaren, den Stockwerks-Rhythmus der historischen Nachbarbauten paraphrasierenden horizontalen Gliederung wird sie auch heute noch dem ästhetischen Anspruch, den sie im noblen Diplomatenquartier Belgravia zu erfüllen hat, auf hohem Niveau gerecht – ein Musterbeispiel für ‚Neues Bauen in alter Umgebung'. Oder das Naturwissenschaftliche Hörsaalgebäude der Universität Würzburg: wie die beiden großen Hörsäle und die kleinen Studiensäle in jeweils prägnant geformten, gelb leuchtenden Binnenkörpern zusammengefasst und mit den freigestellten Treppen und Rampen unter dem expressiv gefalteten Stahlbetondach zu einem skulpturalen Ensemble verdichtet sind, das zielt über die Möglichkeiten und Gepflogenheiten des Schulbaus in Deutschland weit hinaus in die Regionen des Charakteristischen, also in jenen Raum, in dem viele Bauten aus der Werkstatt Betz ihre Heimat haben.

Gottfried Knapp

enological-aesthetic definition of "character" from Myers Lexikon as the standard, then the Betz Architects have created a whole series of "peculiar characters": "The individual aspects and entirety of phenomenal qualities or peculiarities of a thing or complete structure" are confirmed over and over again in Betz works. The German Embassy in London has won numerous British architectural awards. With its lucid and rhythmic stories complimenting the existing historical structures, the embassy can still today hold up to the aesthetic demands of the noble Belgravia neighborhood: a typical example for "New Building in Old Environments". Or the natural sciences lecture hall at the University of Wurzburg. The two large and small lecture halls are united into a sculptural ensemble by tersely formed, yellow-lit bodies with free standing stairs and ramps beneath the expressively folded steel concrete ceiling. They go well beyond the customs and practices of school buildings in Germany, into very distinct regions, namely the spaces where many of the buildings from the Betz workshop have found their home.

Gottfried Knapp

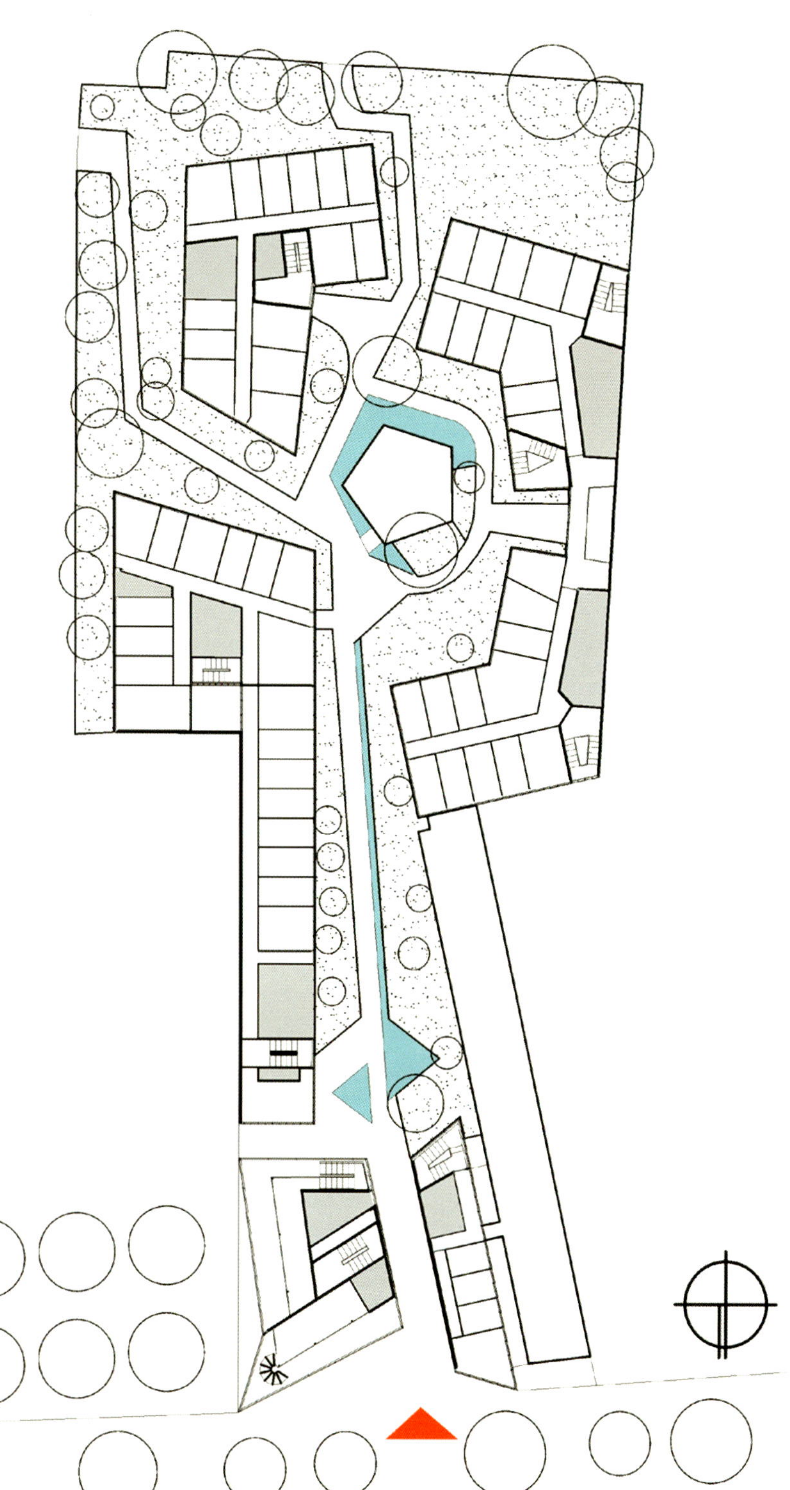

Am Stiglmeier Platz – in Münchens Innenstadt – wurde ein ehemaliges Industriegelände neu bebaut. Sieben verschieden hohe Einzelbaukörper gruppieren sich nun um einen fünfeckigen Pavillon für Veranstaltungen.
Die Außenanlagen sind Fußgängern vorbehalten, dienen zur Erholung und verbinden mit den angrenzenden Vierteln.
Der Hauptzugang befindet sich an der Nymphenburger Straße 3 (Pfeil). Die rote Wand leitet den Besucher in das Innere der Anlage.

On Stiglmeier Square – in the center of Munich – a former industrial site was newly developed. Seven separate high-rise buildings are grouped around a five-cornered pavilion designed for events.
The perimeter is reserved for pedestrians. It provides a place to relax and connects the center to other parts of the neighborhood.
The main entrance is on Nymphenburger Street 3 (arrow). The red wall leads the visitor to the interior of the facilities.

Bürozentrum Nymphenburger Straße 3, München
Office Building Nymphenburger Street 3, Munich

Senkklappflügel ermöglichen eine individuelle natürliche Belüftung. Die Höhe der Fenster wurde bewusst so gewählt, dass auch im Sitzen ein ungehinderter Ausblick ins Freie möglich ist.

Surfaces on the outside of the building can be raised and lowered to make individual flows of natural air possible. A window height was chosen that permits an unimpeded view of the outside, even from a sitting position.

Mehrere große Baumgruben durchdringen die Tiefgarage und ermöglichen Wachstum wie in der freien Natur.
120 qm große Wasserbecken kühlen über Verdunstung den Innenhof an heißen Tagen.

Several giant concrete planters extend into the underground garage and allow for trees to growth as in nature. On hot days, the inner court is cooled by the evaporation of water in 120 square meter open basins.

3a

3
Nymphenburger Straße

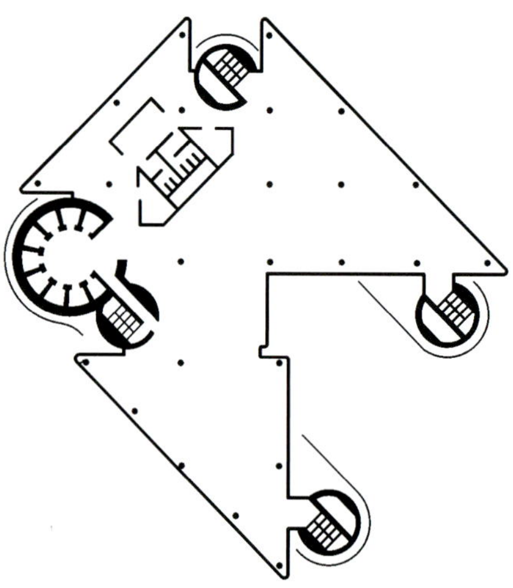

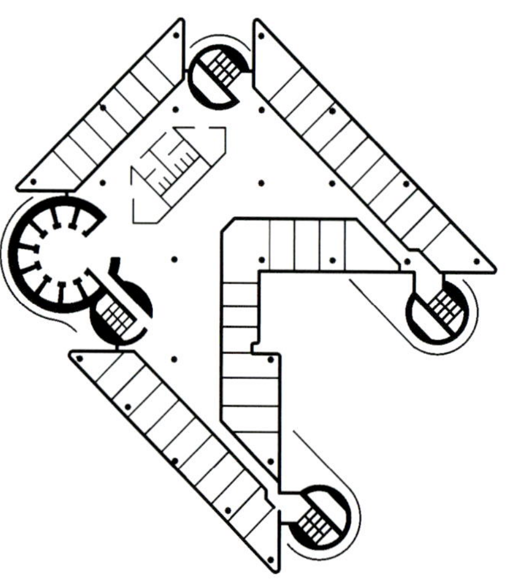

Hauptverwaltung HypoVereinsbank, München

Central Headquarters of HypoVereinsbank, Munich

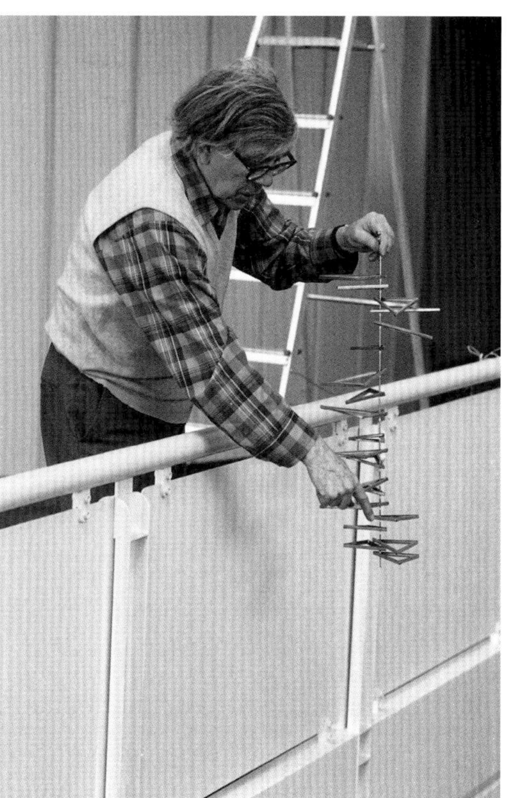
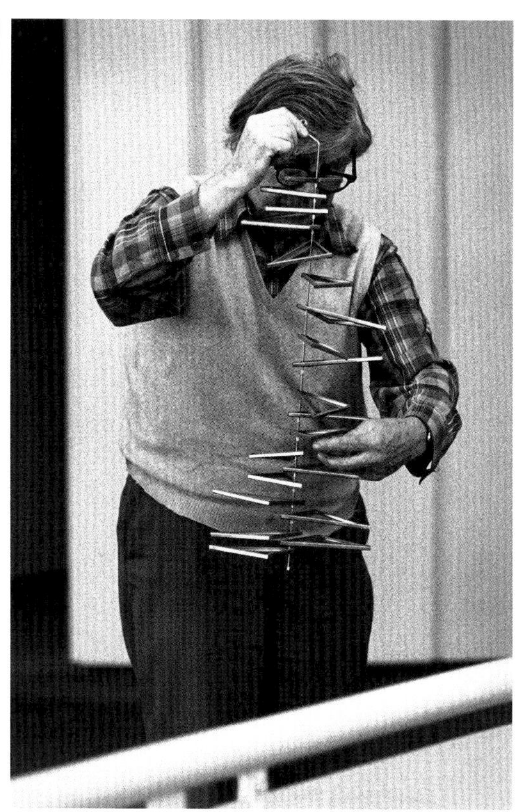

Der amerikanische Künstler George Rickey schuf die kinetische Plastik in der Eingangshalle. Die metallenen Dreiecke sind auf Messerspitzen gelagert und bewegen sich beim kleinsten Lufthauch.

The American artist, George Rickey, created these mobile sculptures in the entrance hall. The metal triangles are resting on knife sharp points and are moved by even the slightest breeze.

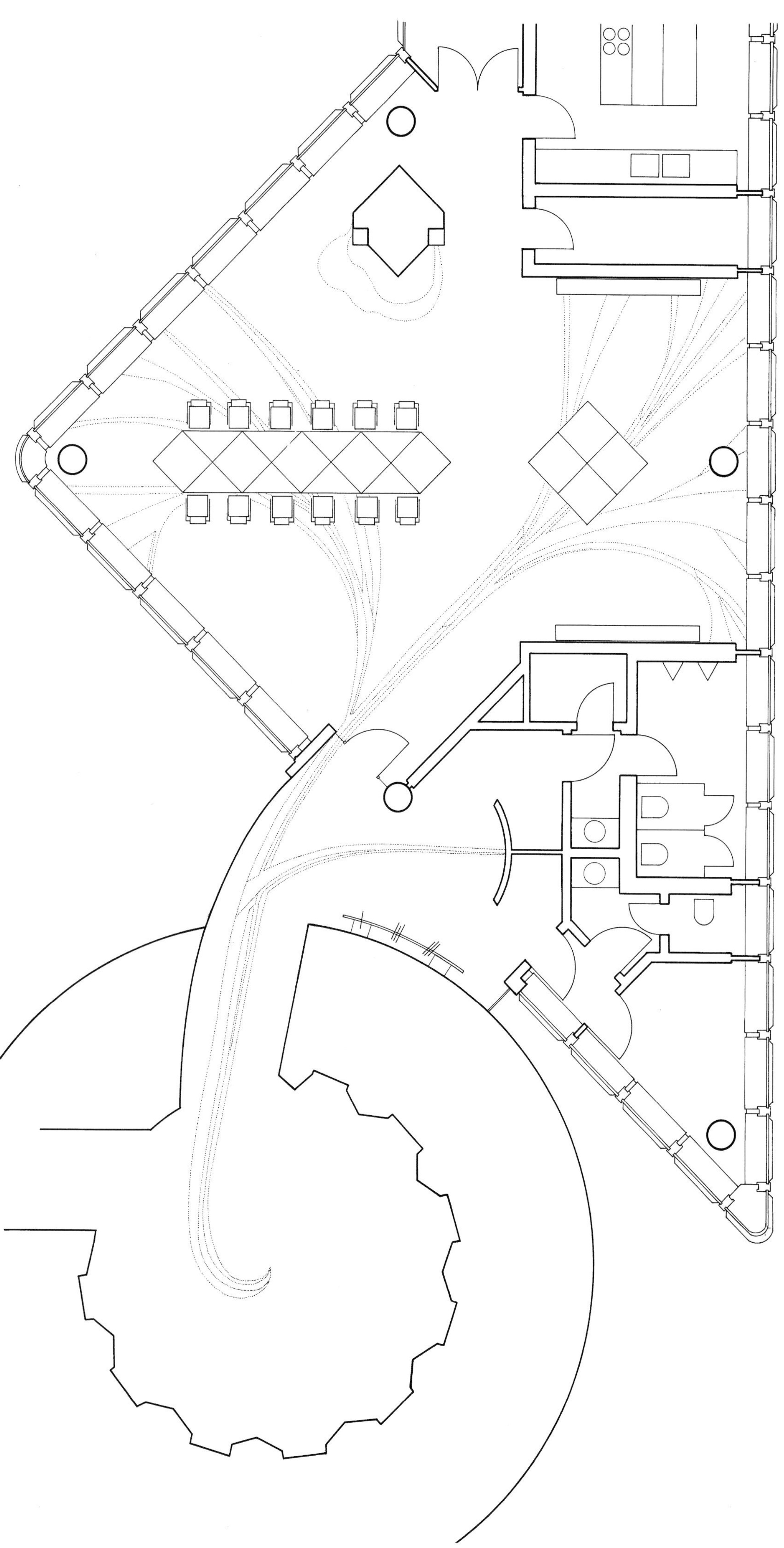

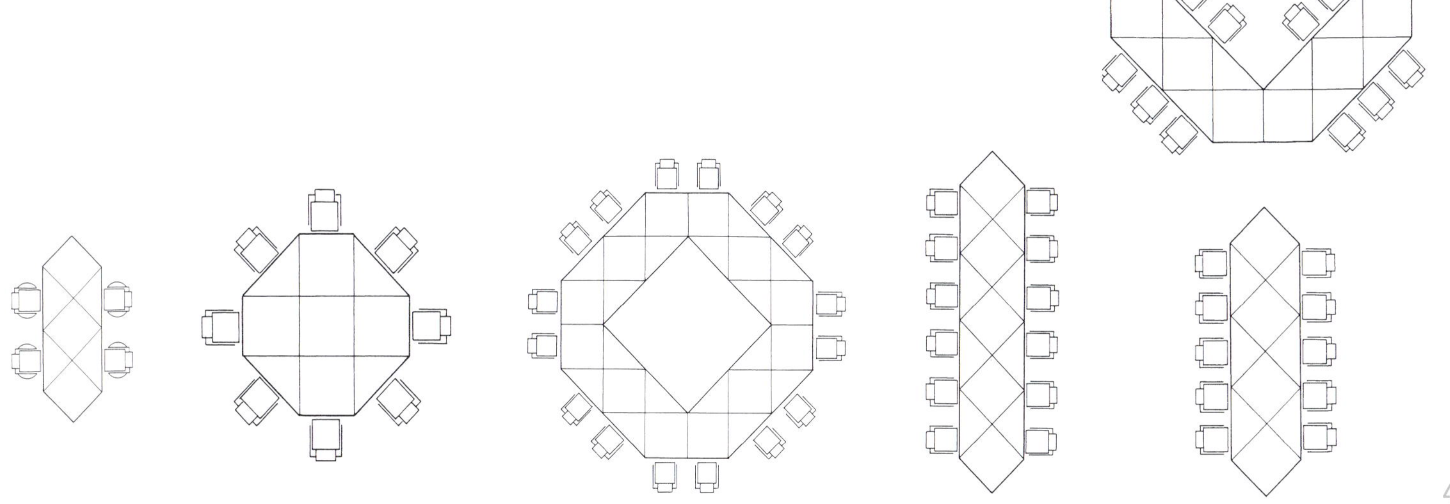

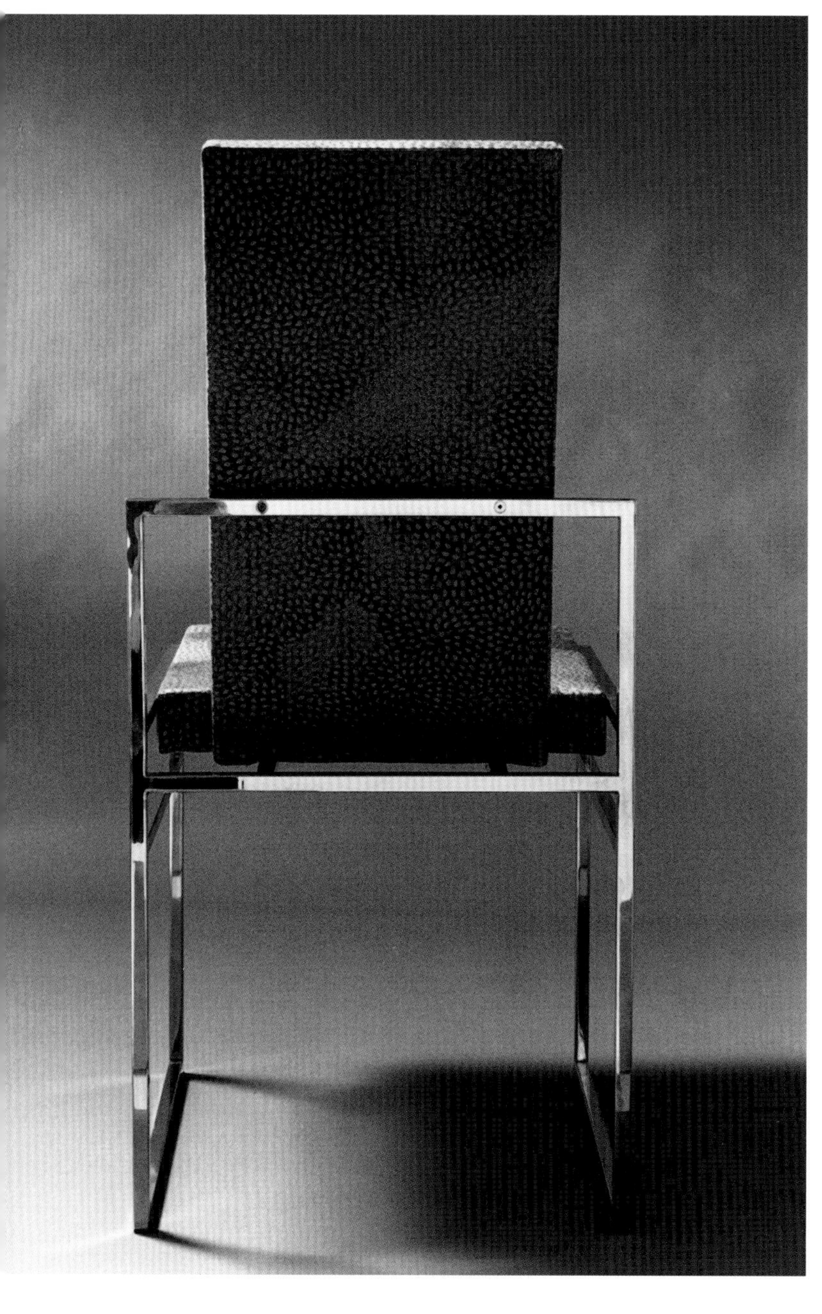

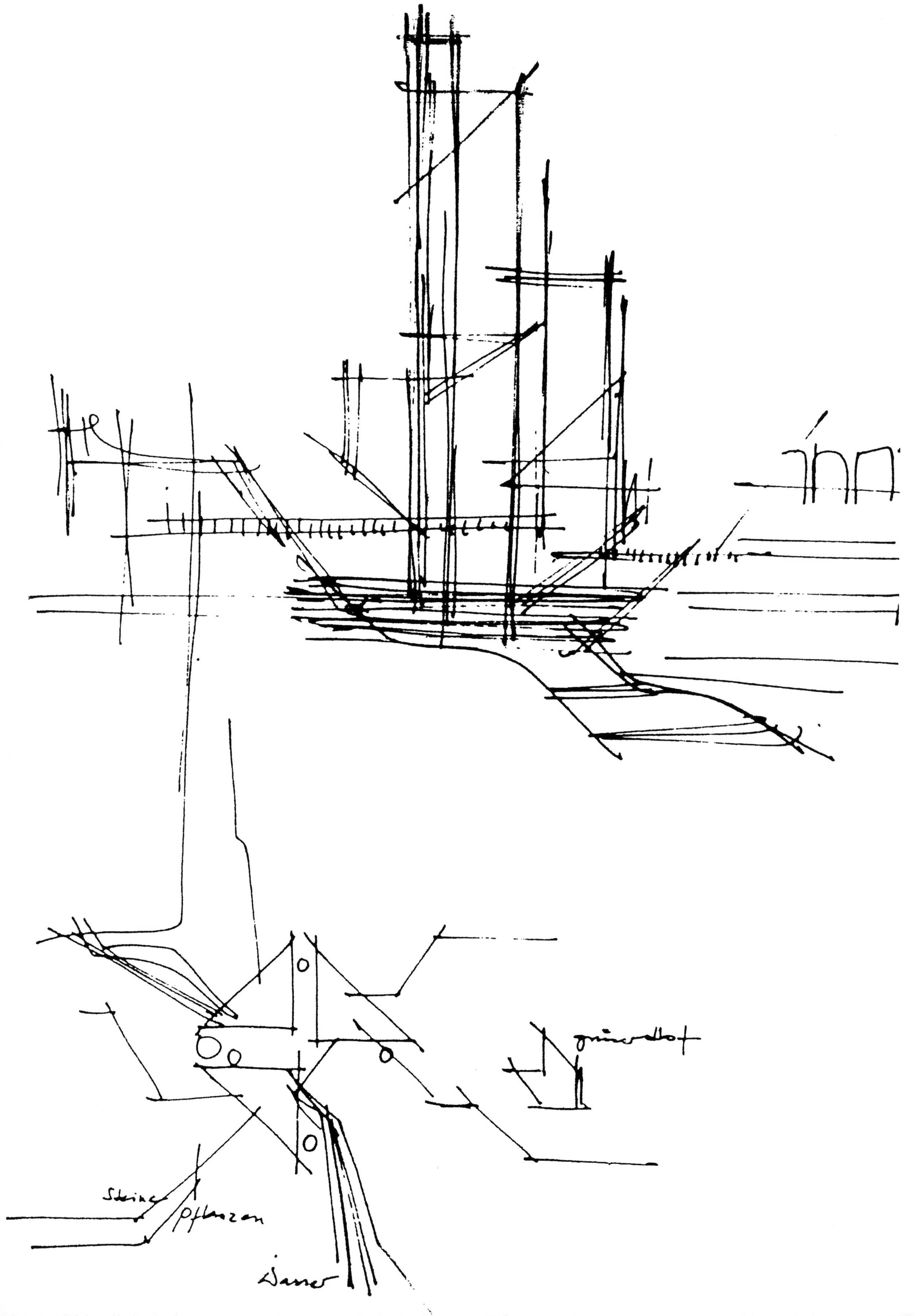
grüner Hof
Steine
Pflanzen
Wasser

Zentrum des Erweiterungsbaus der HypoVereinsbank Hauptverwaltung ist eine große Glashalle für Veranstaltungen mit bis zu 2.000 Personen. Die Lichtplastik aus farbigen Leuchtstoffröhren ist eines von Dan Flavins größten realisierten Werken.

At the core of the building is a large glass hall that can host events with up to 2,000 guests. The light sculpture is made of colored strip lights and is one of Dan Flavins largest completed works.

Erweiterungsbau HypoVereinsbank, München
Extension of central headquarters building of HypoVereinsbank, Munich

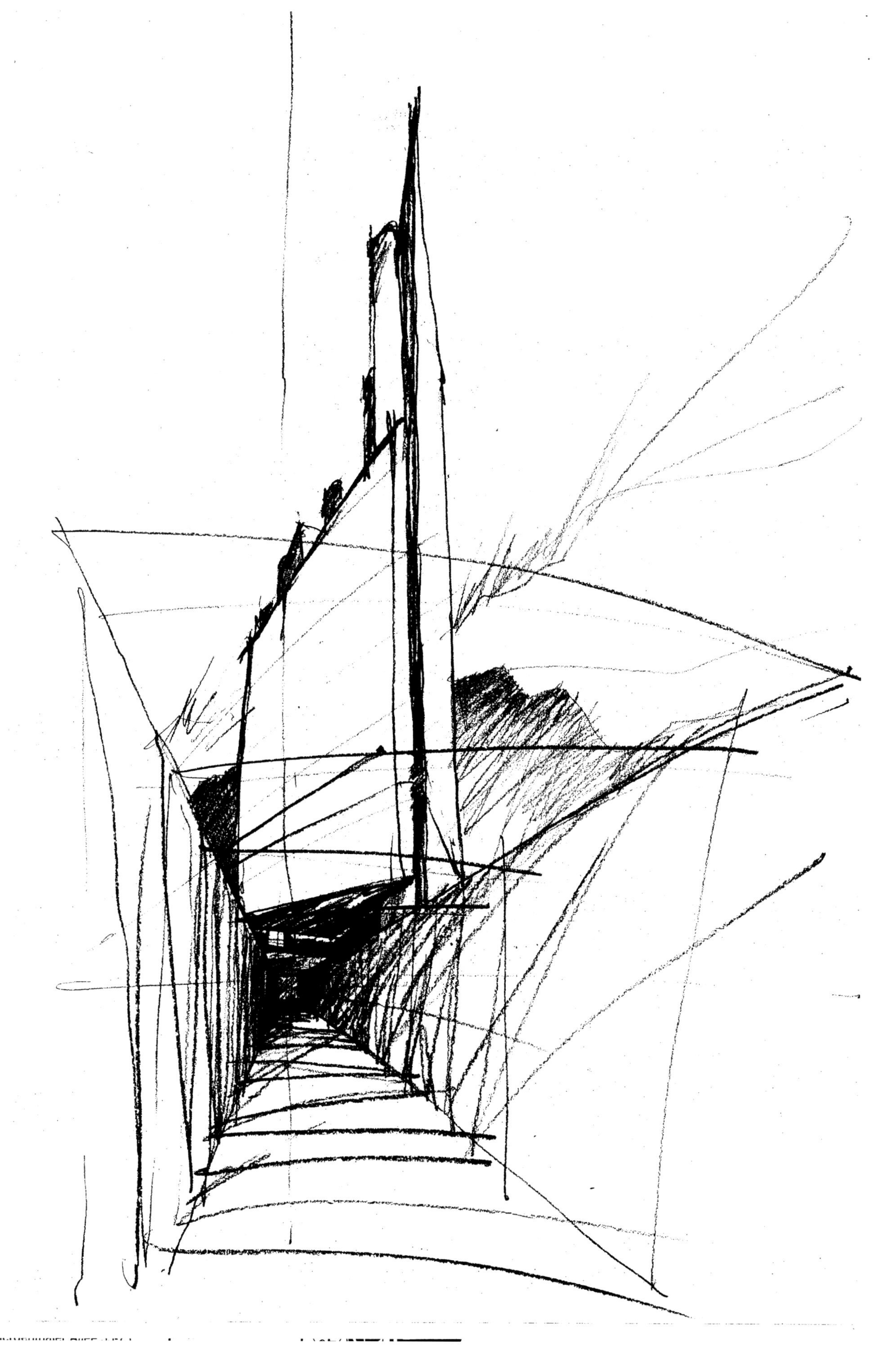

Dan Graham entwarf den gläsernen Verbindungsgang.

Dan Graham designed the glass connecting pathway.

Die ‚Baumtreppe' reicht über vier Geschosse. Die ‚Äste' und ‚Zweige' sind im Durchmesser nur 4 bzw. 8 cm. Sie sind so schlank, weil nur Druck- und keine Biegekräfte aufgenommen werden.

A 'tree staircase' extends through four floors. The individual stairs are supported by 'branches' extending from the staircase which are only 4 to 8 centimeters in diameter. The reason they can be so slender is that there are no bending forces operating but only pressure forces from above.

Die Sekundärfassade mit stufenlos beweglichen Glaslamellen folgt dem Lauf der Sonne in Jahres- und Tageszeit.

The secondary façade has thin glass plates (lamellae) that move as they follow the movement of the sun during the year and the day.

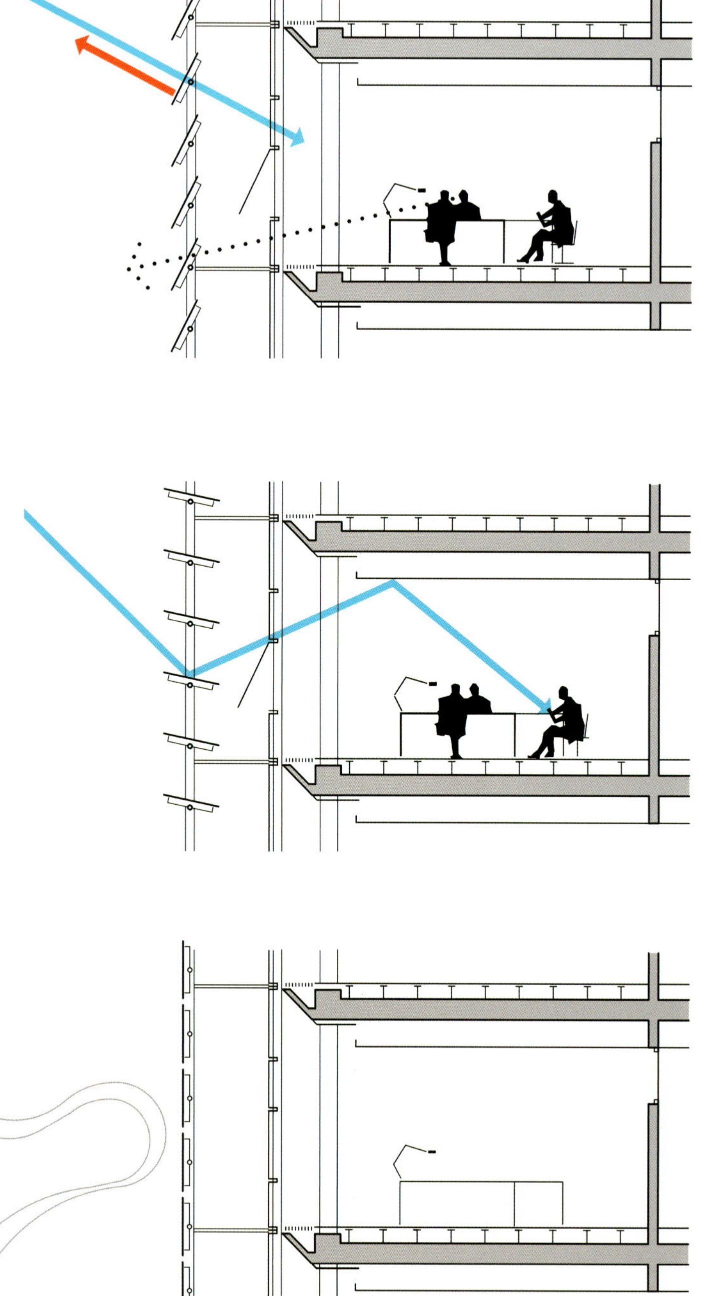

In Sonnenschutzstellung bleibt der Ausblick auch an sonnigen Tagen ins Freie erhalten – anders als beim mechanischen oder textilen Sonnenschutz. Die Wärmestrahlung wird reflektiert, das sichtbare Spektrum des Lichts passiert hingegen die Glaslamellen.
An den in Deutschland häufigen bedeckten Tagen wird durch Rückwurfstellung der Glaslamellen das Tageslicht auch in die tieferen Bürozonen gelenkt.
Bei kalten Winden bildet die Senkrechtstellung der Glaslamellen eine Pufferzone gegen die Auskühlung.

Even on sunny days, with the lamellae set to provide protection from the sun, the view is not hindered, as it would be by mechanical or textile sun protectors. Heat radiation is reflected while the light spectrum passes through the glass lamellae.
On the frequently overcast days in Germany, daylight also can be channeled into the internal office areas by reversing the setting of the glass lamellae.
In cold winds, a vertical setting of the glass lamellae creates a buffer zone against cooling.

Haus Zimmermann mit Atelier, Feldafing am Starnberger See

Zimmermann House with studio, Feldafing at the Lake of Starnberg

Der Bauherr ist freier Grafiker und entwarf u. a. das Logo der Zeitschrift „Stern".

The client is an independent industrial designer who designed, among other things, the logo of the "Stern" Magazine.

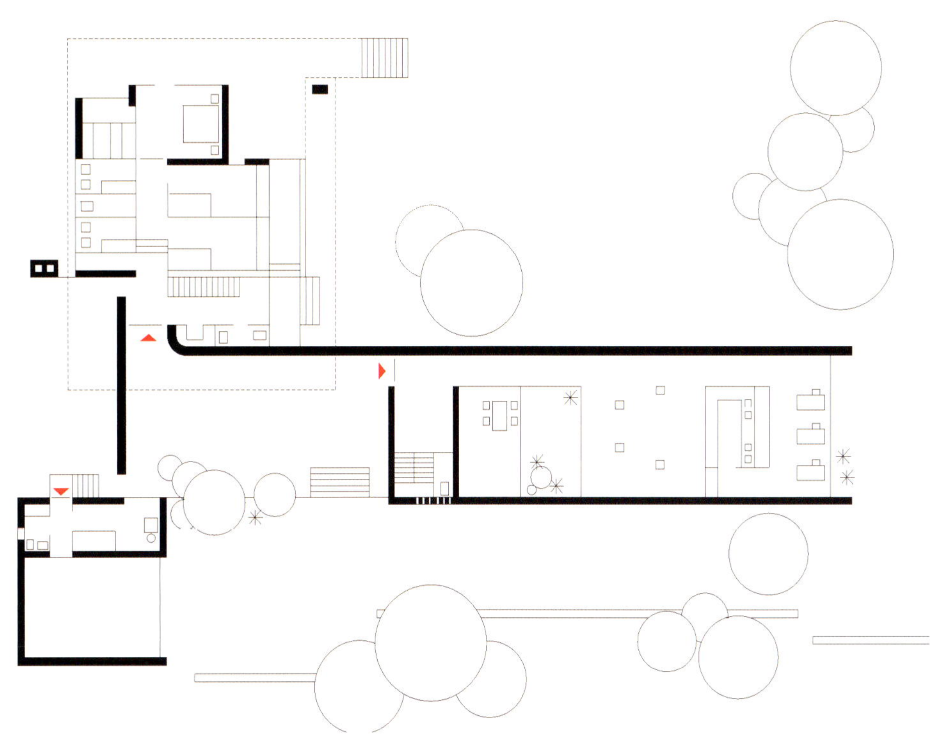

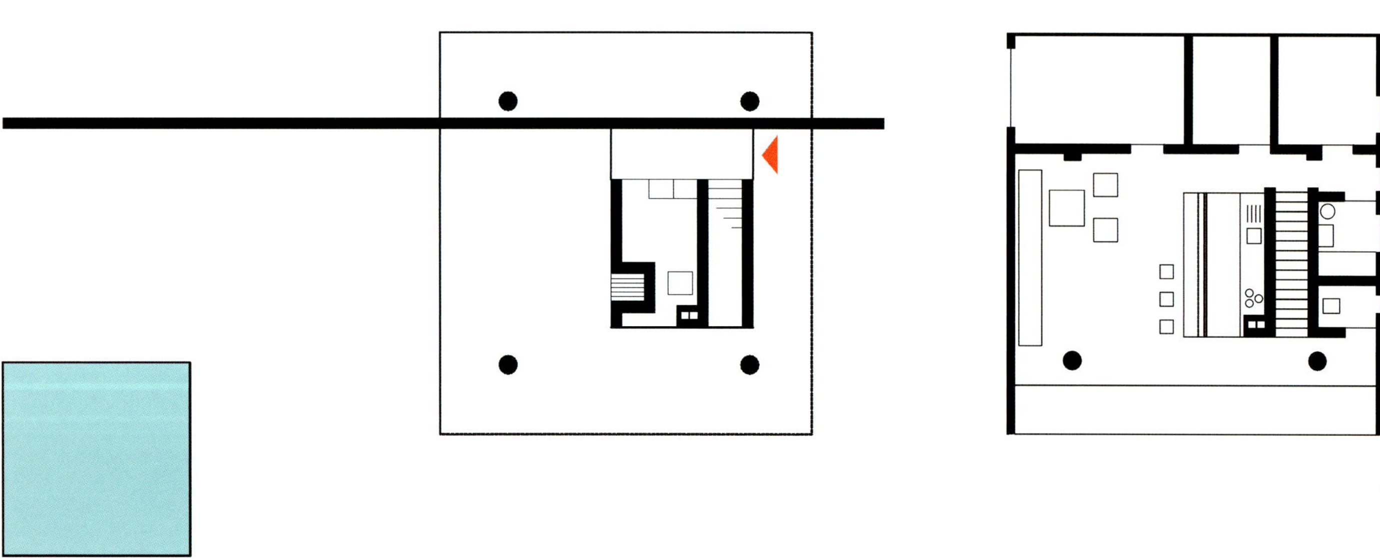

Haus Haury 1, Siebichhausen am Starnberger See

First Haury House, Siebichhausen at the Lake of Starnberg

Ein sehr großes schönes Grundstück. Da der Baugrund feucht ist, steht das Haus auf Stützen. Gemeinsam mit dem mutigen Bauherrn wurde der von der Behörde zuerst abgelehnte Entwurf auf dem Beschwerdeweg bei der Regierung von Oberbayern durchgesetzt.

The property is very large and quite lovely. However, the subsoil is wet. Therefore, the house has been built on stilts. The design was rejected at first by the authorities, but the brave client prevailed on appeal to the building authorities of the government of Upper Bavaria.

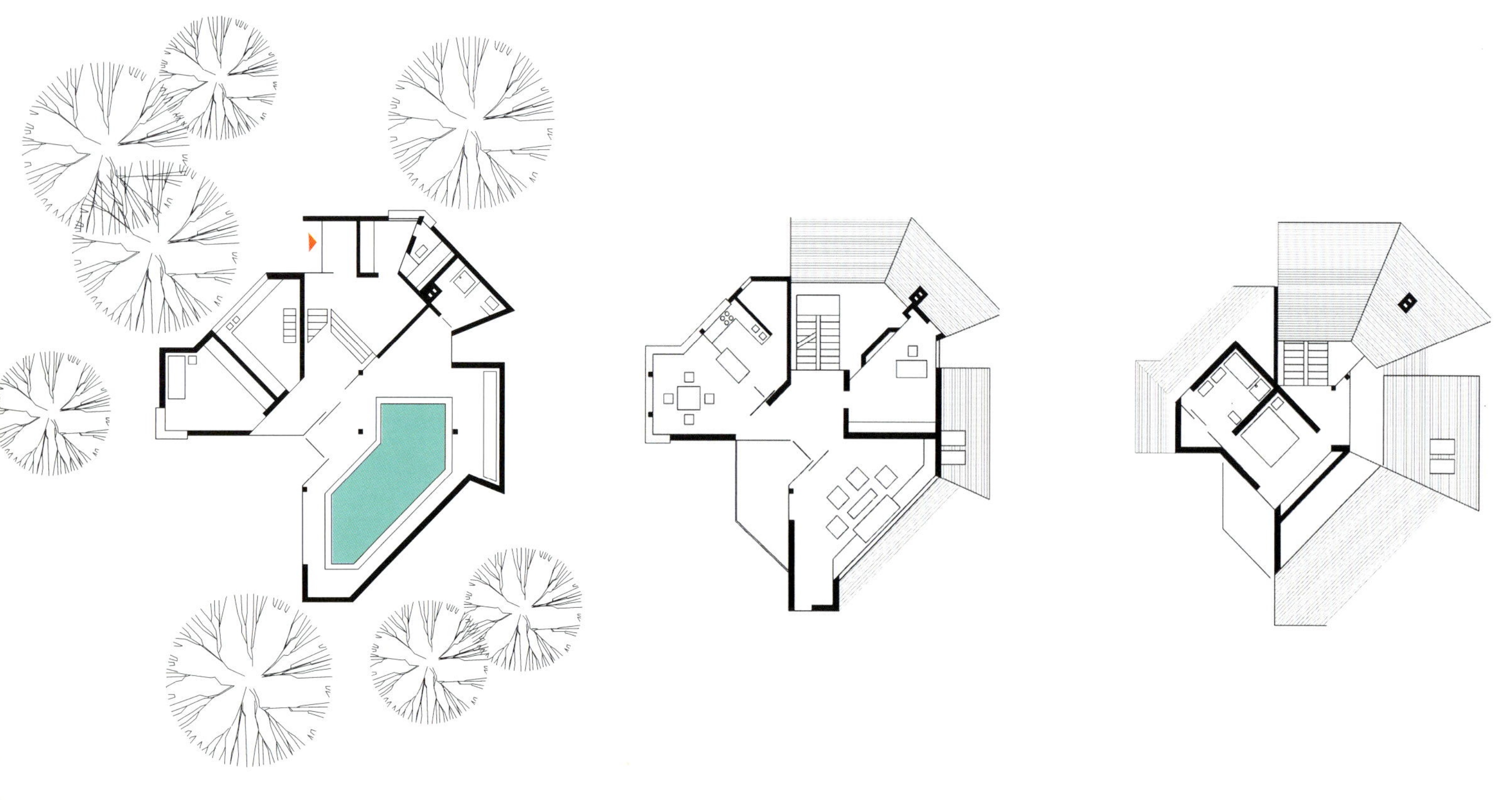

Haus Haury 2, Siebichhausen am Starnberger See

Second Haury House, Siebichhausen at the Lake of Starnberg

Auf dem gleichen Grundstück einige Jahre später
Die Bauherrin wünschte sich ein weiteres Haus, schindelverkleidet und mit einem Schwimmbad im Erdgeschoss (Haus 1 wird inzwischen von den mittlerweile erwachsenen Kindern bewohnt).

A few years later, on the same property.
The client wanted a second house with a shingle exterior and a swimming pool on the ground floor (the first house is used by the children, who have grown up in the meantime).

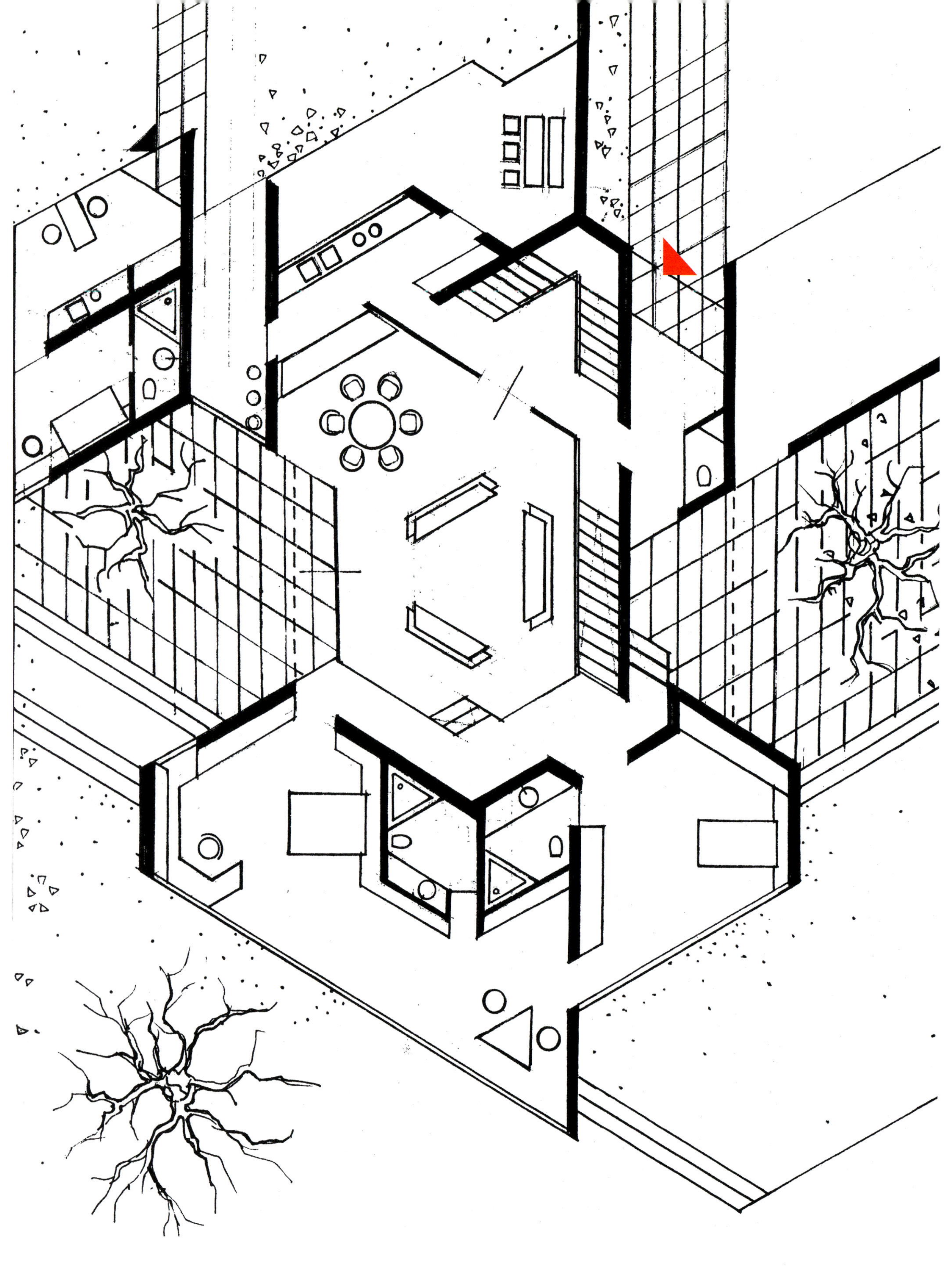

Haus für einen Musikkritiker, – „Kaisers Corner" –, München
House for a music critic – "Kaiser's Corner" –, Munich

Haus Scharff, Reutlingen
Scharff House, Reutlingen

Das Haus liegt an einem für Reutlingen typischen Steilhang mit spektakulärem Ausblick in die schöne Landschaft. Die Diele und die Wohnräume weisen auf beiden Ebenen große Öffnungen zum zentralen Wintergarten auf: dem Mittelpunkt des Hauses.

The House is situated on a steep hill, typical for Reutlingen, with a spectacular view of the beautiful countryside. The entrance hall and the living quarters on both levels have large openings to the winter garden, which is at the center of the house.

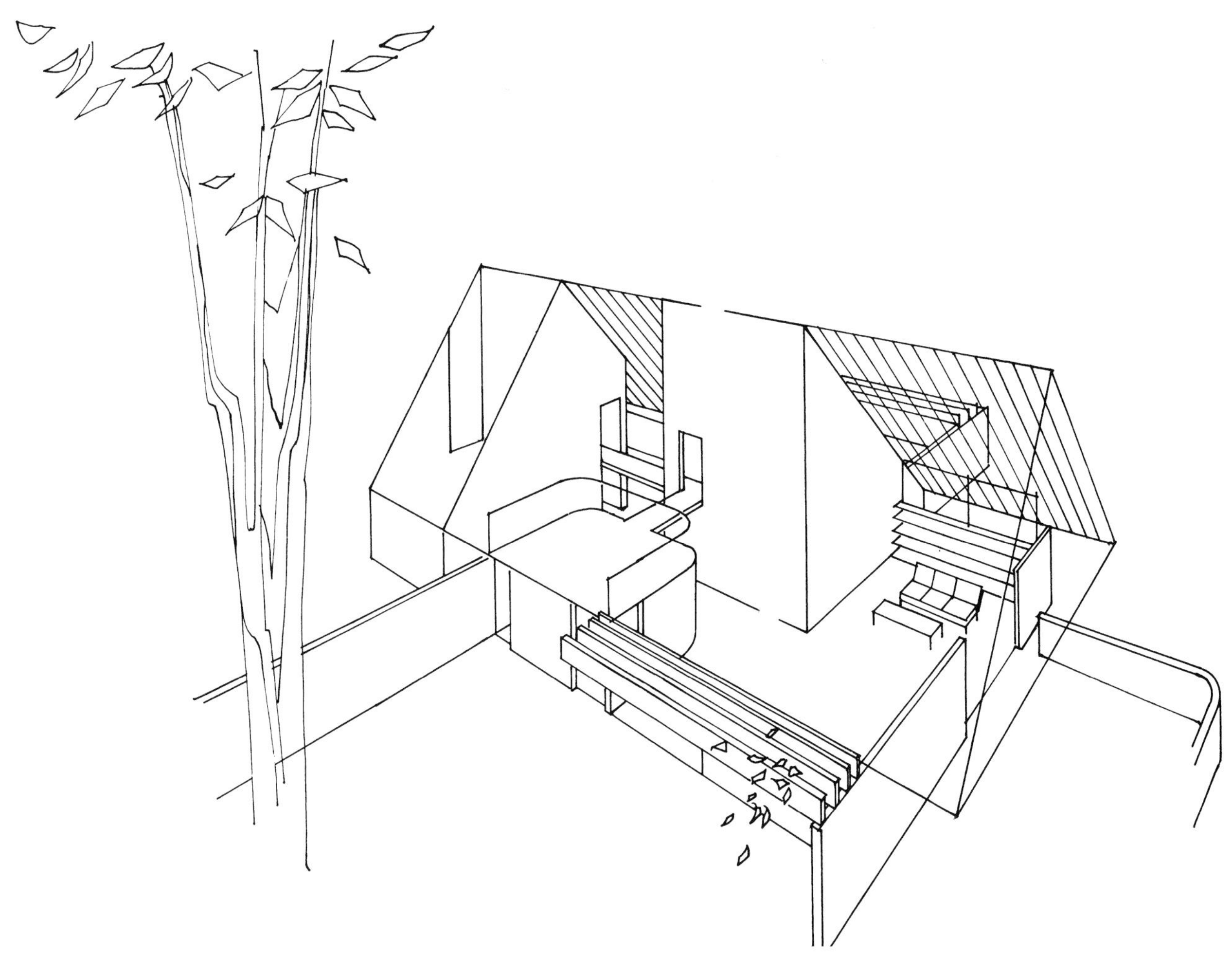

In Volkach neben dem Weg, der zur Kapelle mit der berühmten Riemenschneidermadonna führt: ein Haus voller Musik, gebaut für einen Arzt mit einem für Niederfranken typischen Satteldach.

In Volkach, next to the path leading up to the chapel with the famous Madonna by Riemenschneider is a house filled with music, built for a physician, with a saddle roof common in Lower Franconia.

Haus Dr. Reinäcker, Volkach am Main

Dr Reinäcker House, Volkach Am Main

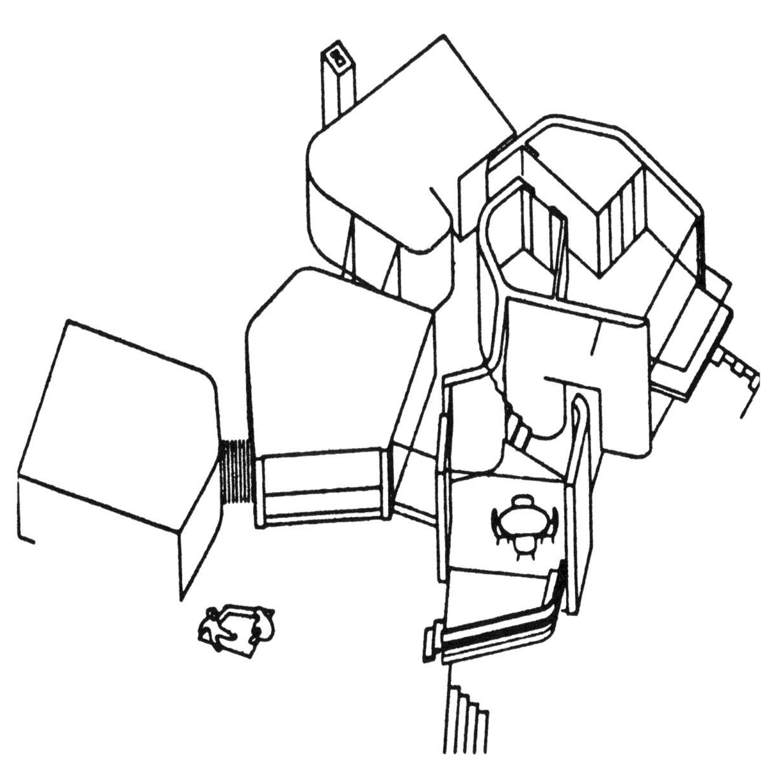

Wegen der Hanglage des Hauses liegen die Räume zum Garten tiefer als jene der Eingangsseite.

The rooms facing the garden follow the slope of the site and are on a lower level than those on the entrance side

Haus Schäfer, Würzburg
Schäfer House, Würzburg

Haus Taeuberhahn, Gambach am Main
Taeuberhahn House, Gambach Am Main

Drei Holzhäuser wurden an einem Hang um eine Kiefer herum gebaut. Sie bieten einen faszinierenden Ausblick ins Maintal.

Three wooden houses on a slope are grouped around a pine tree. Fascinating view into the Main valley.

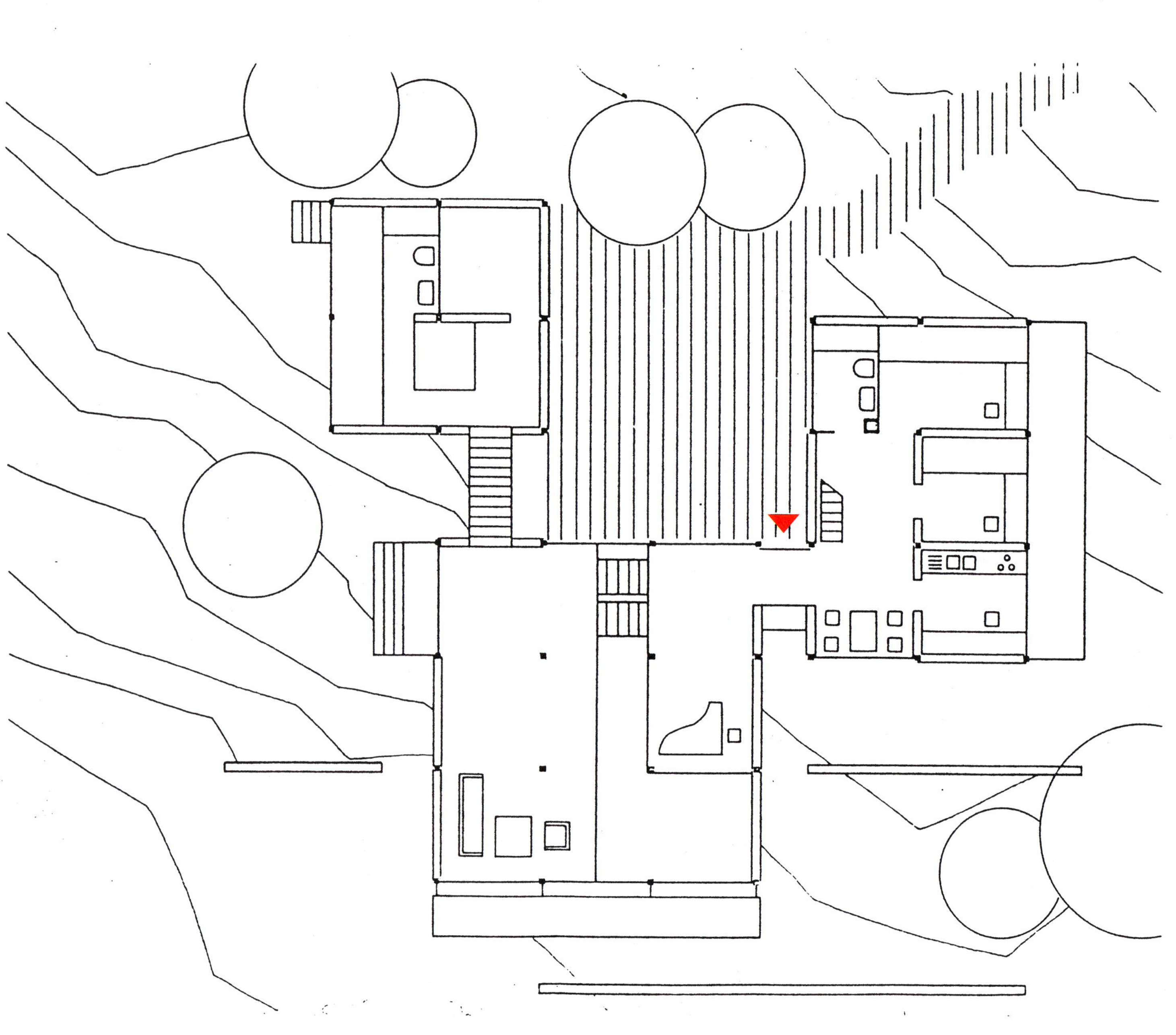

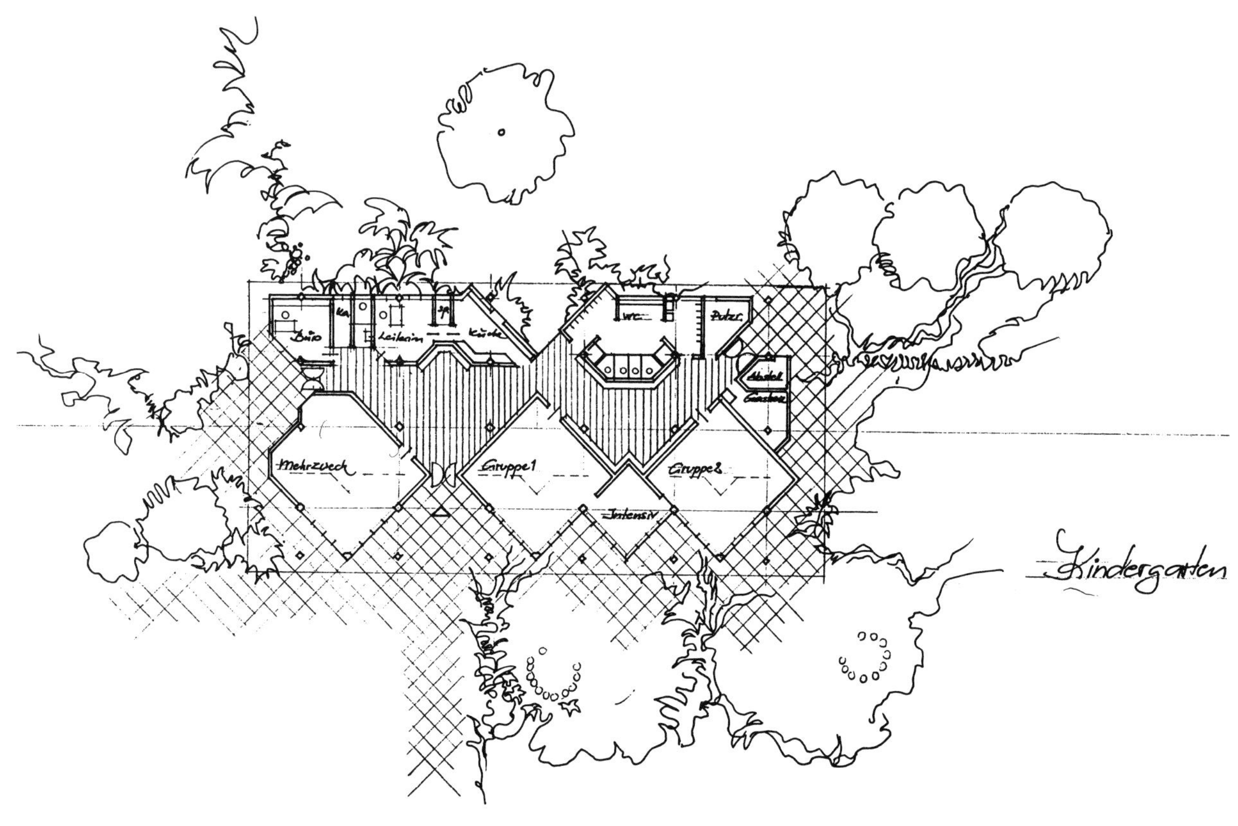

Kindergarten, Gelting-Pliening

Kindergarden, Gelting-Pliening

Volksschule Rottendorf

Rottendorf Elementary School

Grundriss
Ground plan of the first floor

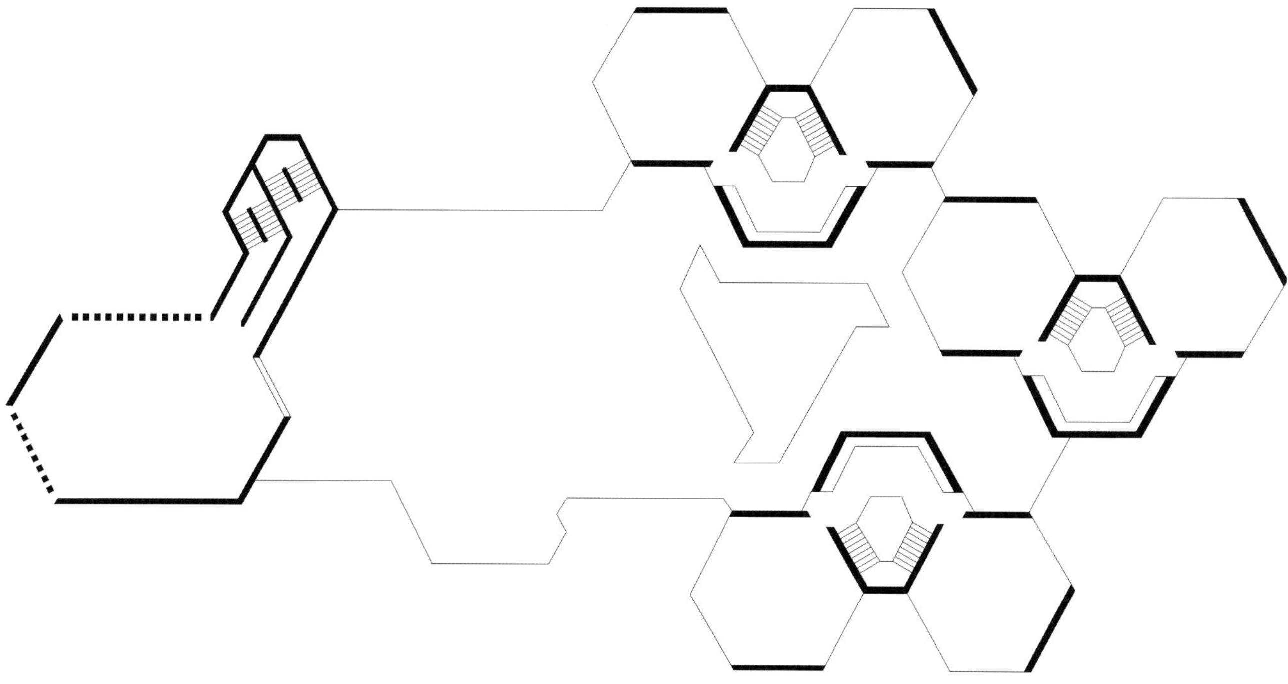

Je zwei sechseckige Klassenräume werden ohne Flure über eine gemeinsame Treppe erschlossen. Das ermöglicht eine beidseitige Belichtung und Querlüftung.

Two hexagonal classrooms are separated, without hallways, by a common stairway. This allows for shared lighting and ventilation.

Gymnasium Unterhaching

Unterhaching High School

Das Gymnasium wurde nach einem Wettbewerbserfolg in den siebziger Jahren errichtet.
Zur Zeit wird die Schule um einen weiteren Klassenflügel und um eine Aula mit 440 Plätzen erweitert. Mittelpunkt der Außenanlagen ist eine Open-Air-Bühne, das ‚Chaos-Theater'.

The high school was built after a successful competition in the 1970s.
At present the school has been extended by a new wing that houses additional classrooms and an auditorium that seats 440. In the center of the exterior area is an open-air stage of non-traditional design, the 'Chaos-Theater'.

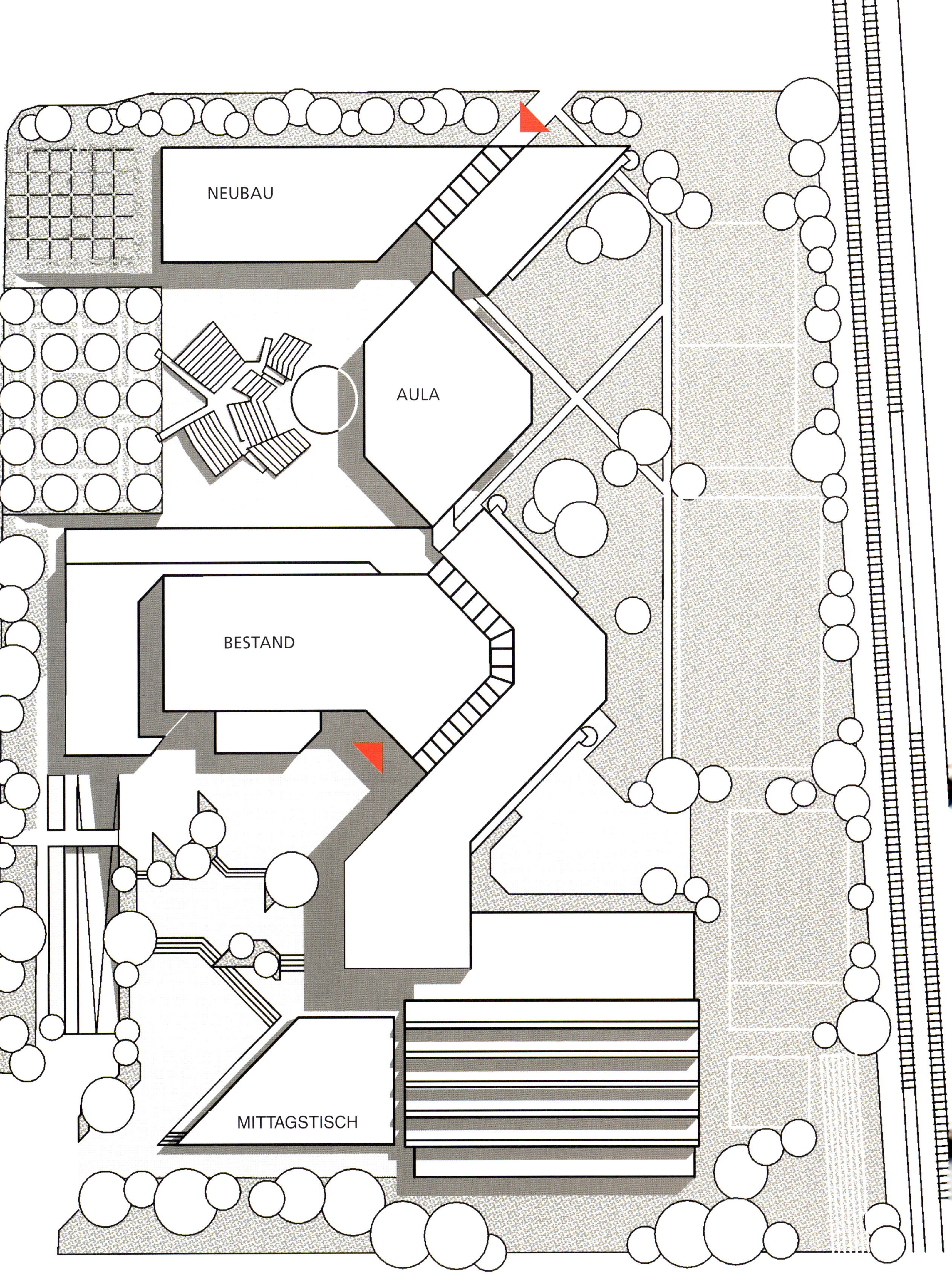
NEUBAU
AULA
BESTAND
MITTAGSTISCH

Landeskriminalamt, Berlin

State Criminal Justice Office, Berlin

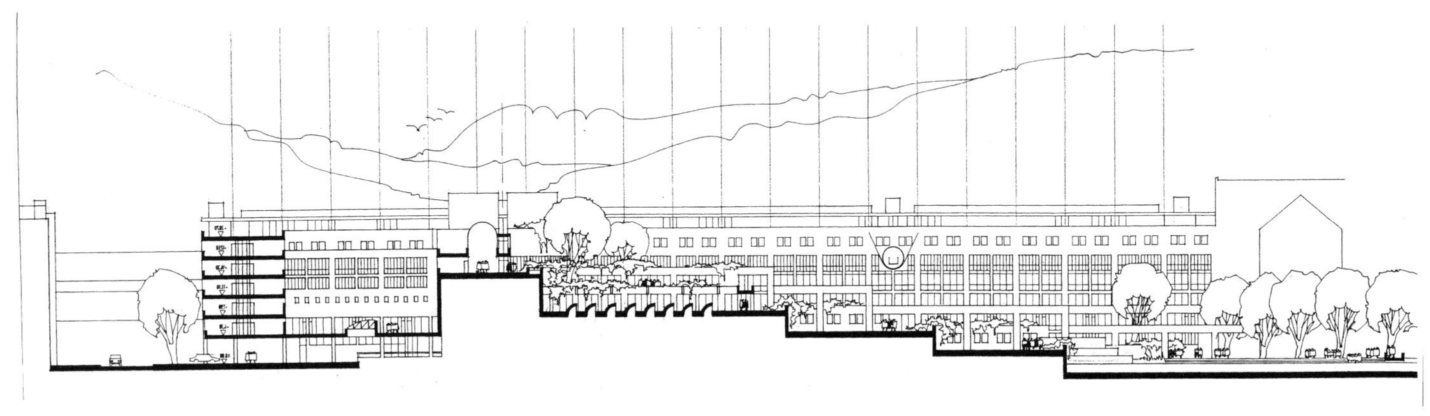

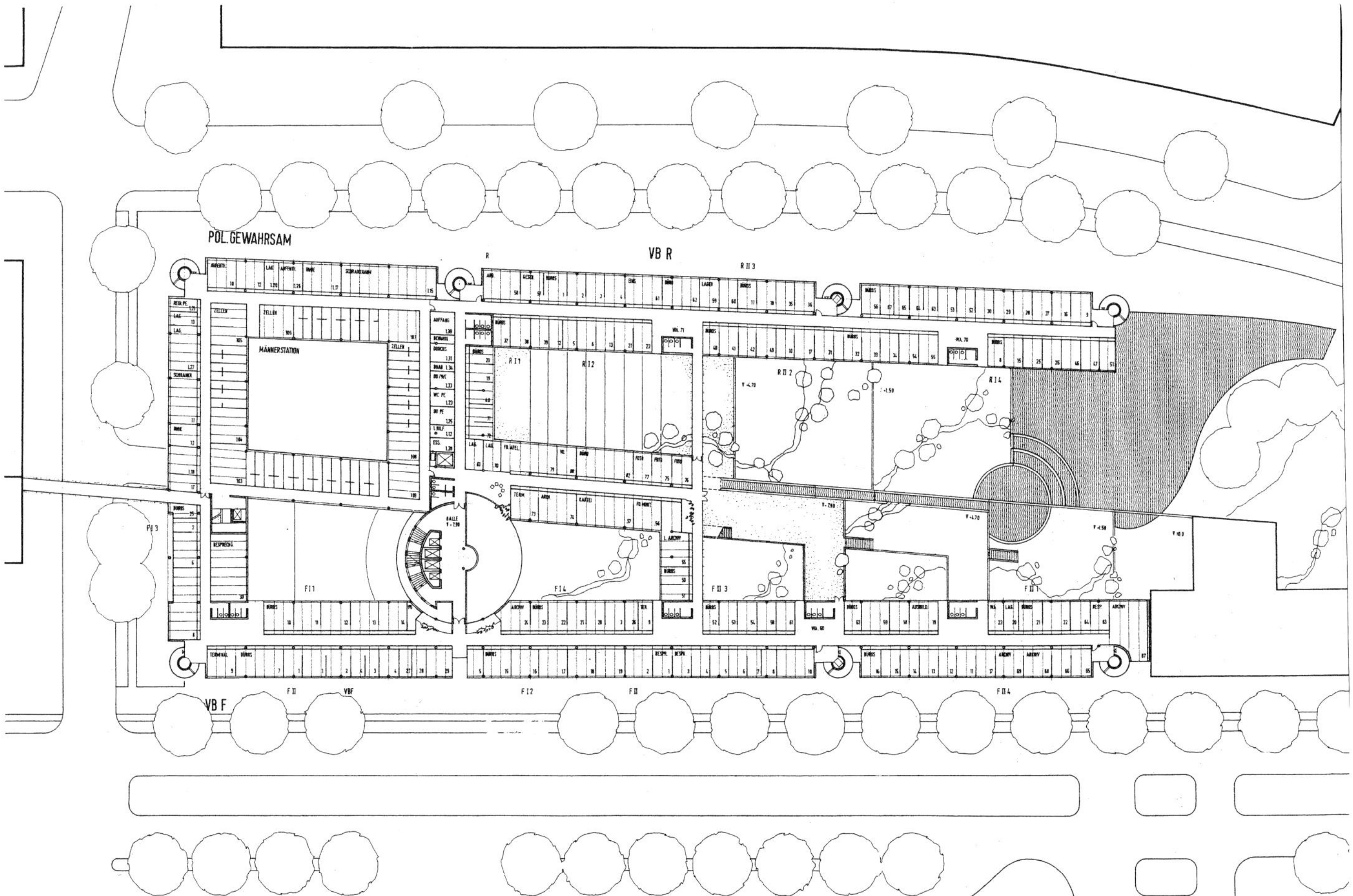

POL. GEWAHRSAM
VB R
MÄNNERSTATION
VB F

Lichtuhr von Peter Sedgley
Light clock by Peter Sedgley

Seite 110|111
Verbindungsbrücke, Konstruktion Stefan Polony
Connecting bridge, engineered by Stefan Polony

Löwenbräu-Verwaltungsgebäude, München
Lowenbräu Administration Building, Munich

A A

Eine Glashalle verbindet den Neubau mit dem historischen Littmannbau, dem ersten Stahlbetongebäude Münchens.

A glass hall connects the new building to the historical old "Littmann Building", the first reinforced concrete building in Munich.

AB SOFORT
ZU MIETEN!
TOP-BÜRO-
UND LADEN
FLÄCHEN
AB 300 m^2

M XH 9047

Der eingeschossige Bau ist Seminar- und Besprechungszentrum.

The one story building is a seminar and conference center.

Laborgebäude einer Mälzerei, Haßfurt am Main

Laboratory Building of a malt house, Hassfurt Am Main

Werkstattgebäude der Mayer'schen Hofkunstanstalt, München
Workshop of the Mayer Court Art Institute, Munich

Deutsches Archäologisches Institut, Istanbul, Türkei. Wettbewerb, 2. Preis

 German Archeological Institute, Istanbul, Turkey. Second Prize in competition

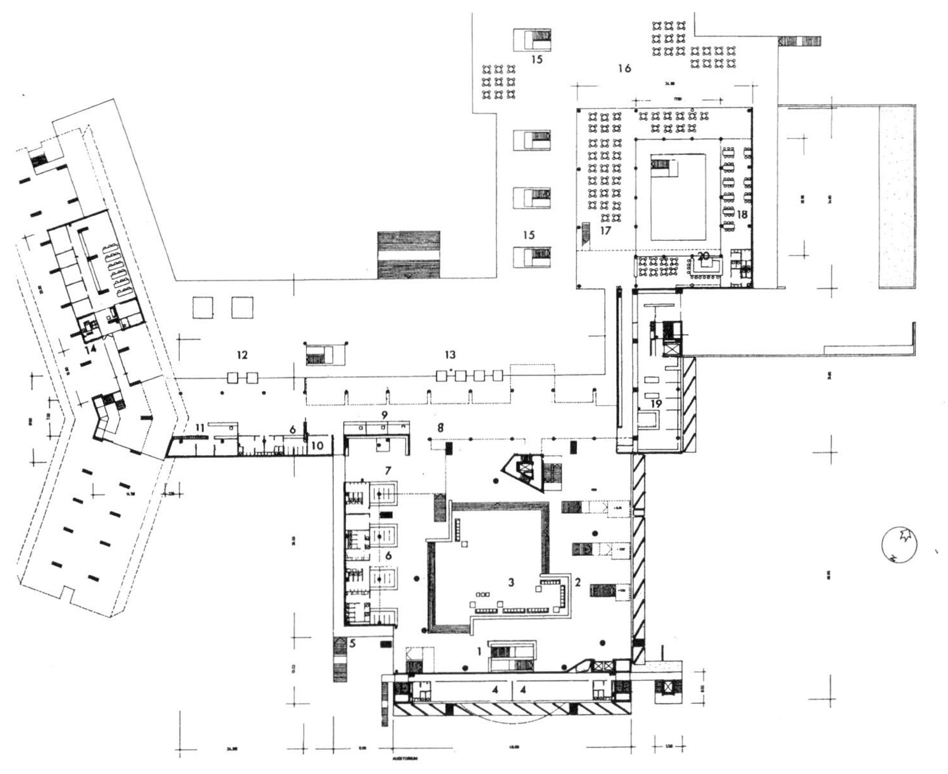

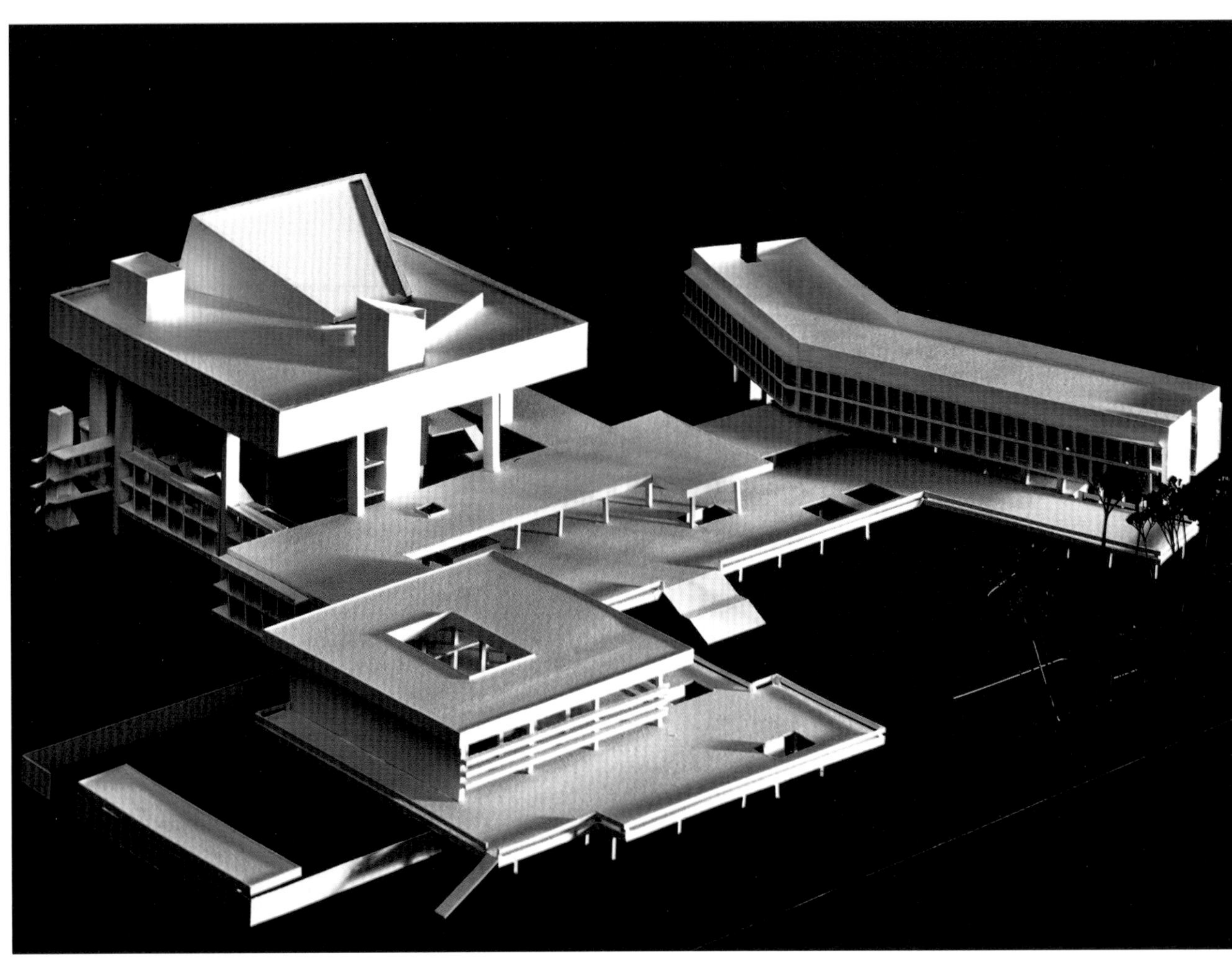

Kongresszentrum, Karachi, Pakistan. Wettbewerb, 1. Preis

Congress Center, Karachi, Pakistan. First Prize in competition

Deutsche Botschaft, London, England. Wettbewerb, 2. Preis

German Embassy, London, United Kingdom. Second Prize in competition

Civic Trust Award
British Concrete Society Award
Plastik von Fritz König

Civic Trust Award.
British Concrete Society Award
Sculpture by Fritz König

Hörsaalgebäude für Naturwissenschaften, Würzburg
Auditorium for the Natural Sciences, Wurzburg

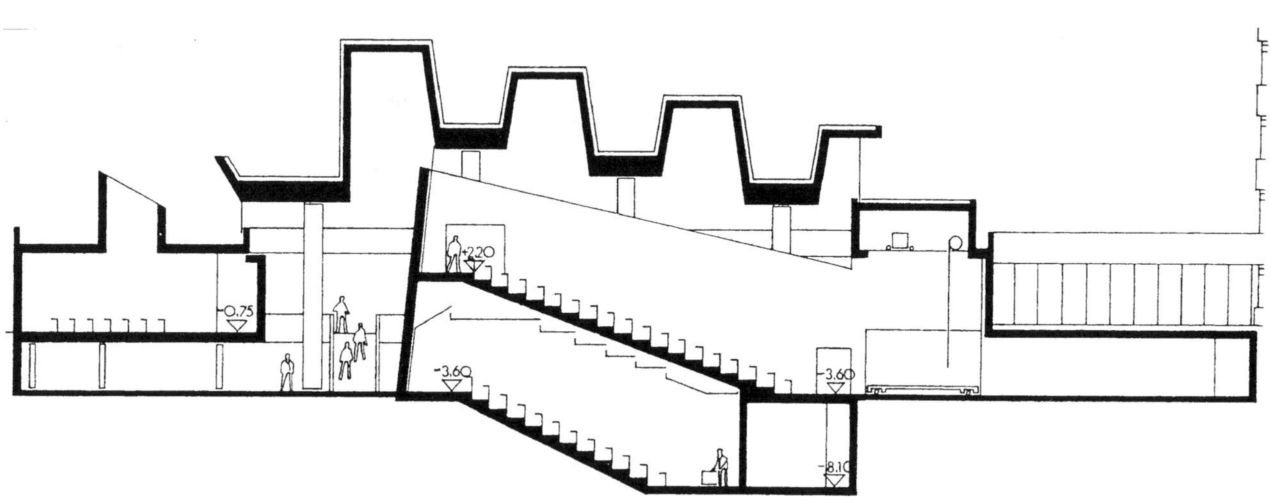
-0,75
+2,20
-3,60
-3,60
-8,10

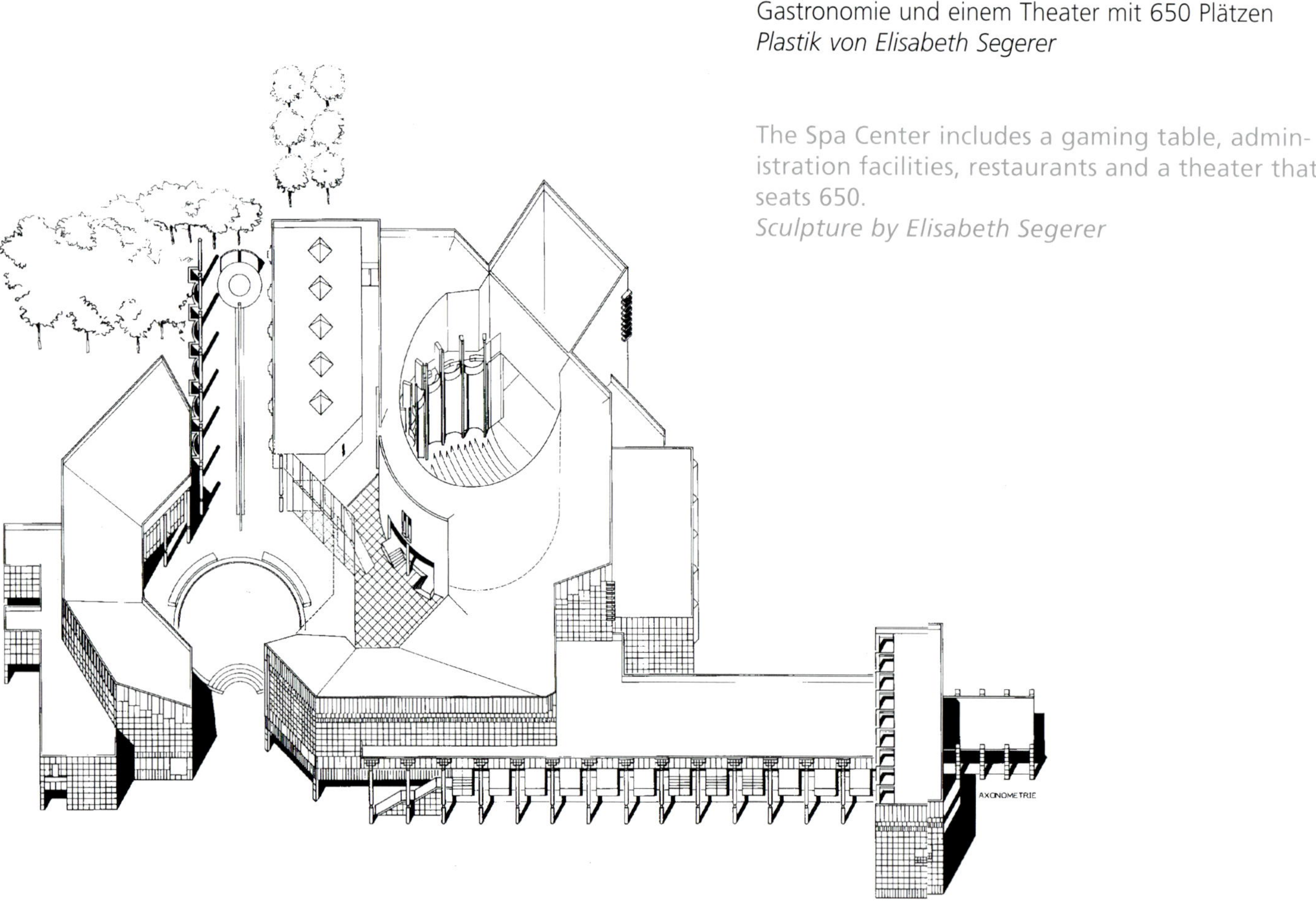

Das Kurgastzentrum mit Spielbank, Verwaltung, Gastronomie und einem Theater mit 650 Plätzen
Plastik von Elisabeth Segerer

The Spa Center includes a gaming table, administration facilities, restaurants and a theater that seats 650.
Sculpture by Elisabeth Segerer

Kurgastzentrum Bad Reichenhall
Spa Center Bad Reichenhall

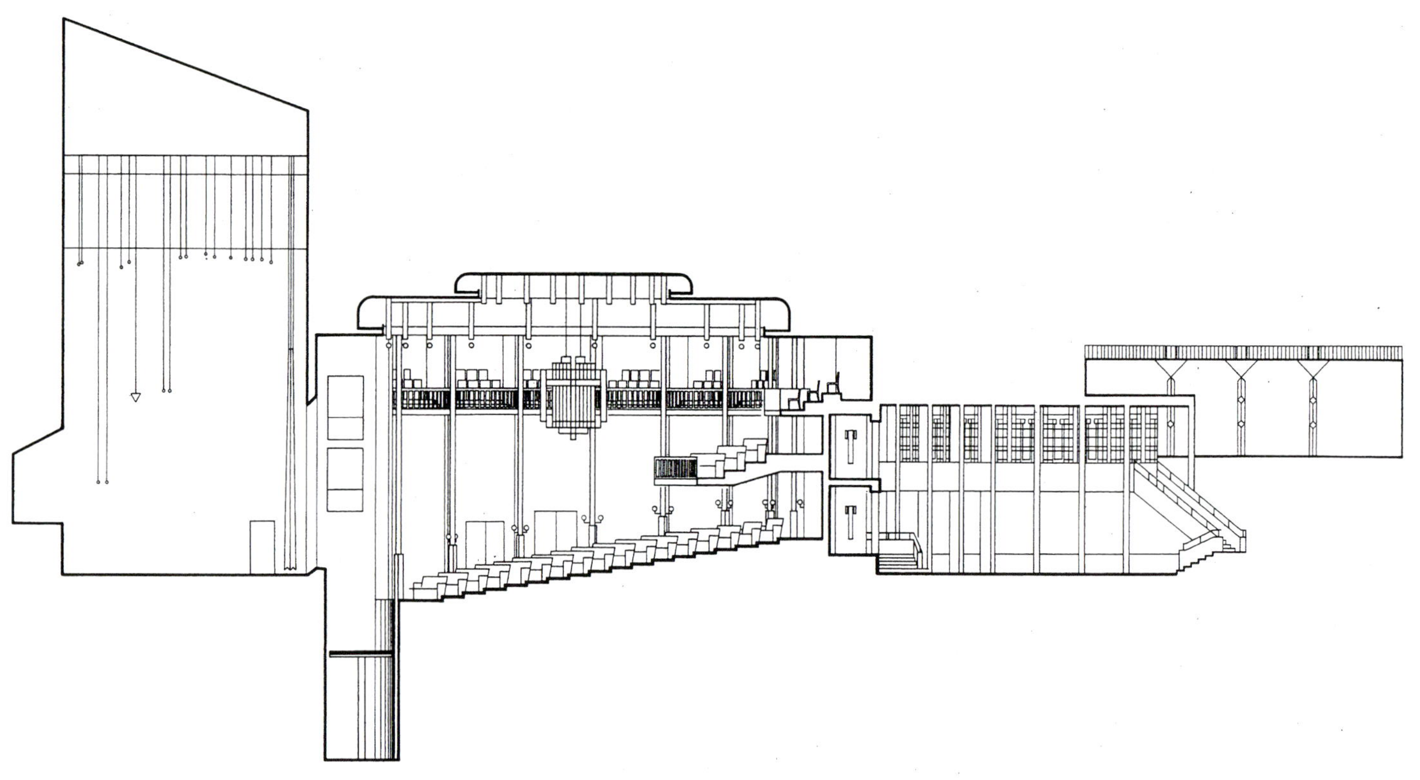

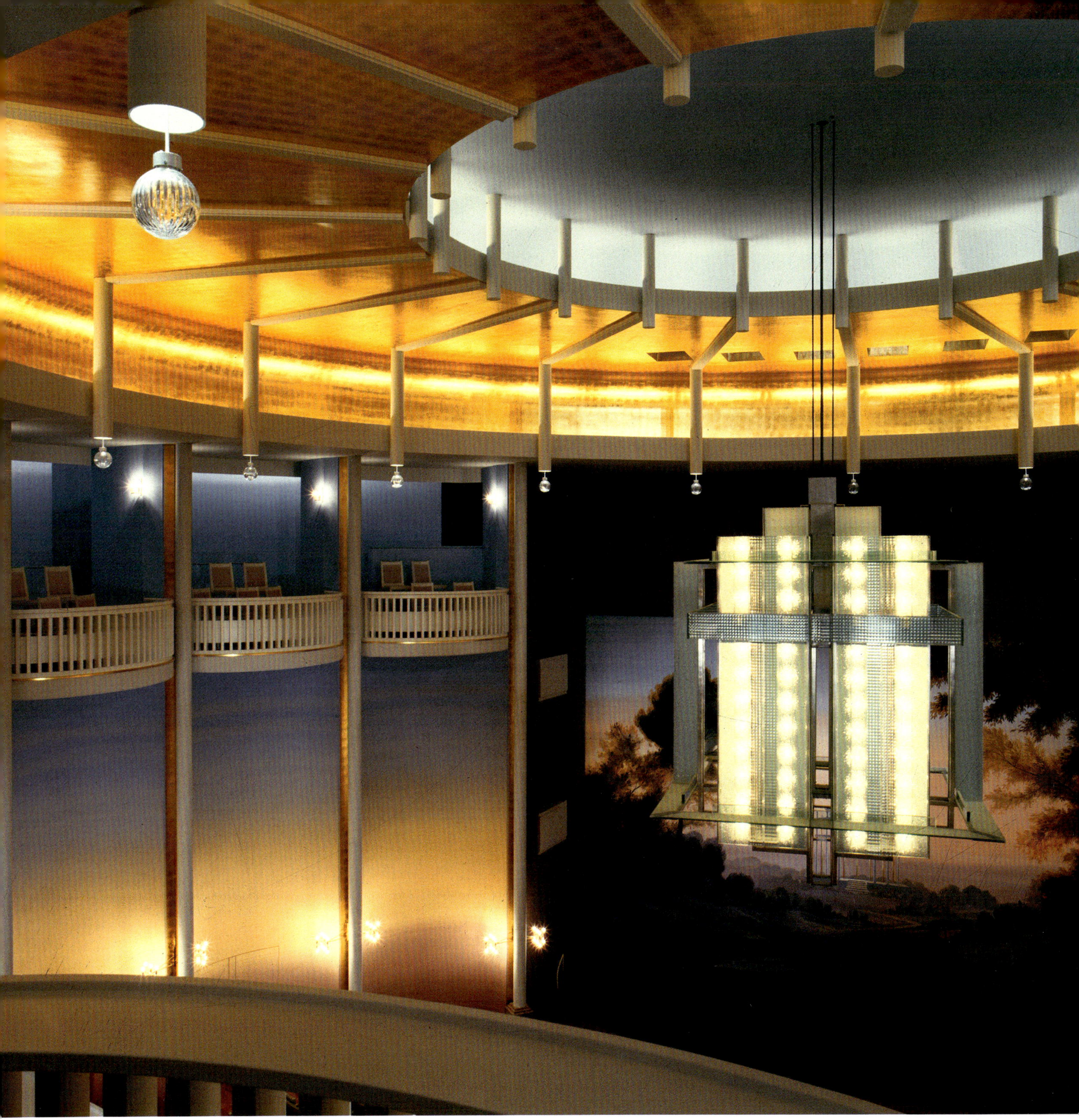

MANQUE
IMPAIR

Wohnanlage Hohenwaldeckstraße, München
Wohnanlage Hohenwaldeck Street, Munich

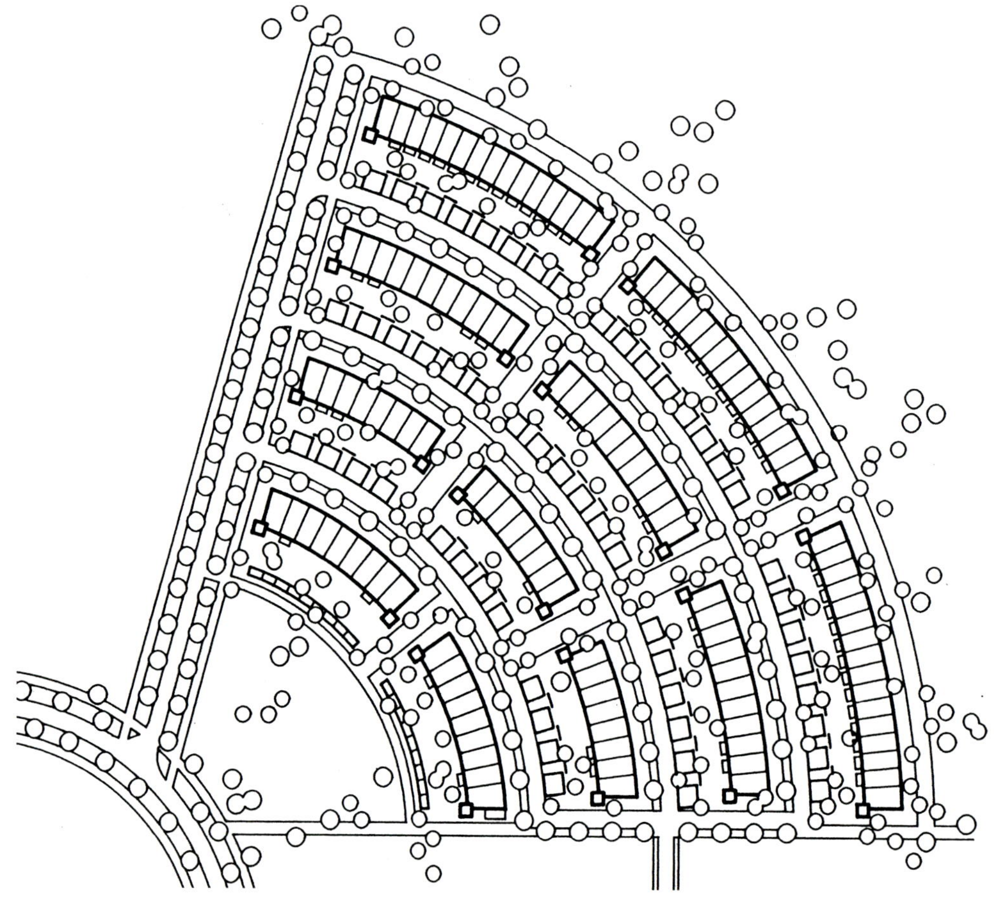

Reihenhaussiedlung Falkenhöh, bei Berlin
Row House, Falkenhöh Project, near Berlin

121 Reihenhäuser in vier viertelkreisförmigen Zeilen als Teil einer neuen Siedlung
Es wurden zwei Haustypen mit insgesamt zwölf verschiedenen Grundrissvarianten für unterschiedliche Wohnkonzepte ausgeführt.

121 Row houses in four lines of a quarter's circle as part of a new housing project
There are two different types of houses, with a total of twelve ground plans, each developed for a different living arrangement.

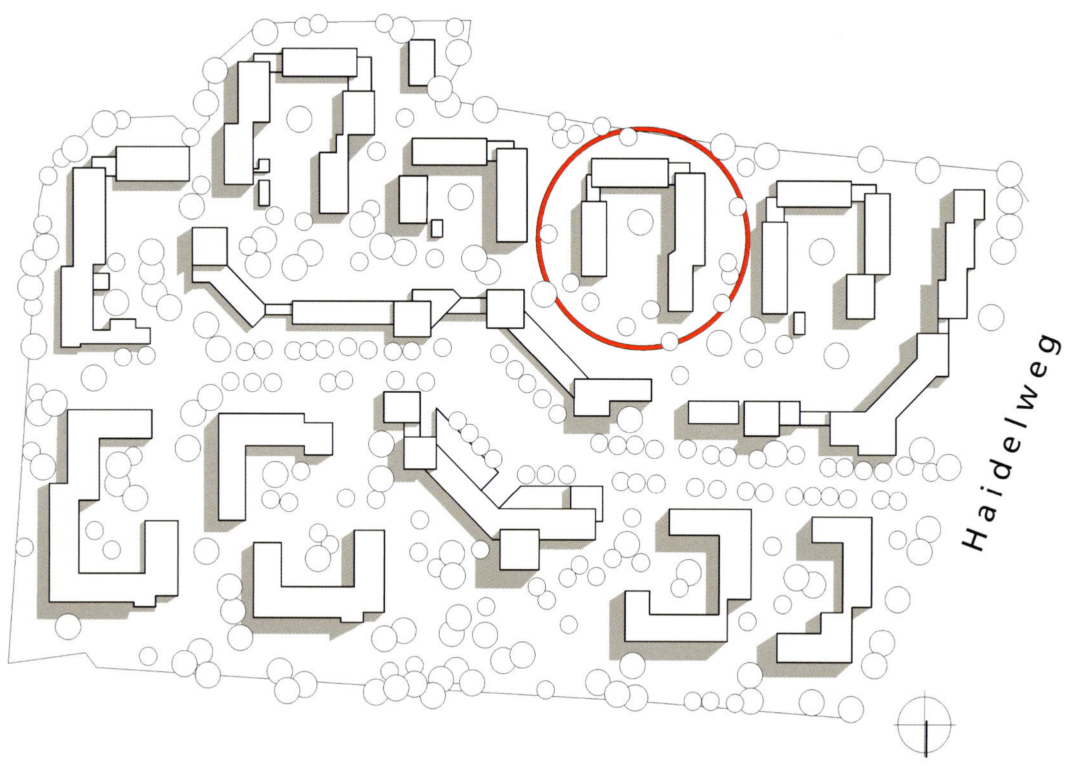

„Am Haidelweg", Pasing bei München. Städtebaulicher Entwurf für einen neuen Stadtteil

"Am Haidelweg", Pasing near Munich. Outline of a city plan for a new municipal district

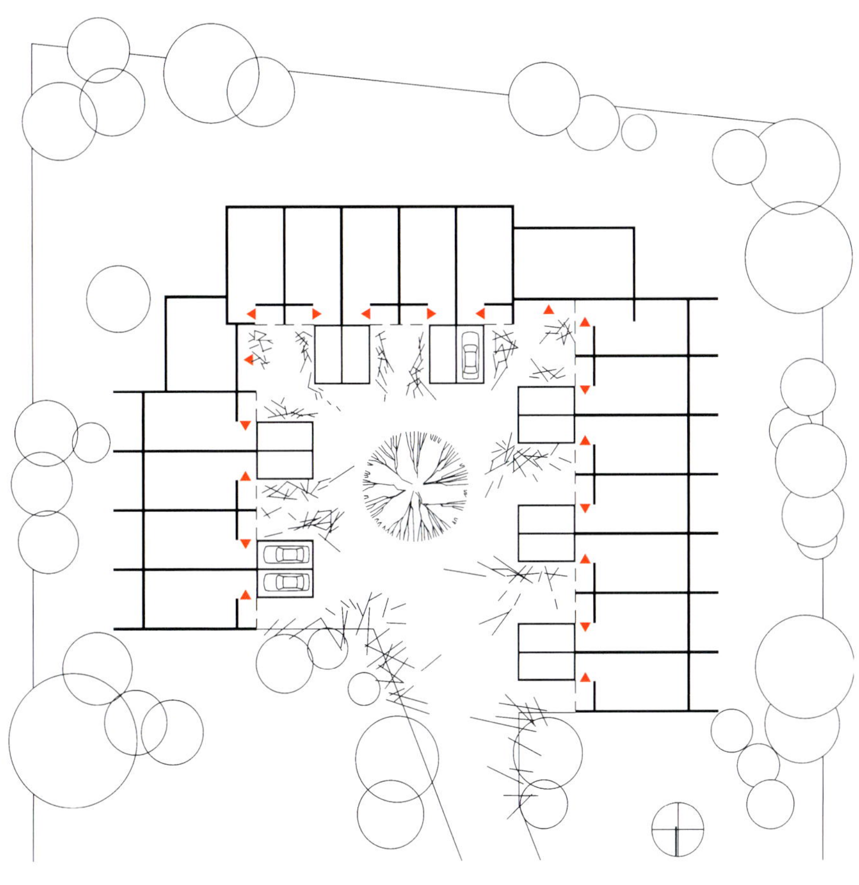

Beispiel eines Wohnhofs mit 18 Reihenhäusern
Alle gemeinschaftlichen Aktivitäten finden im Innenhof statt. Die privaten Gärten liegen an den Außenseiten.

An example of a living court with 18 row houses
Common activities take place in the inner court. The private gardens are situated on the outside.

Wohnanlage Schleißheimer Straße, München

Wohnanlage Schleissheimer Street, Munich

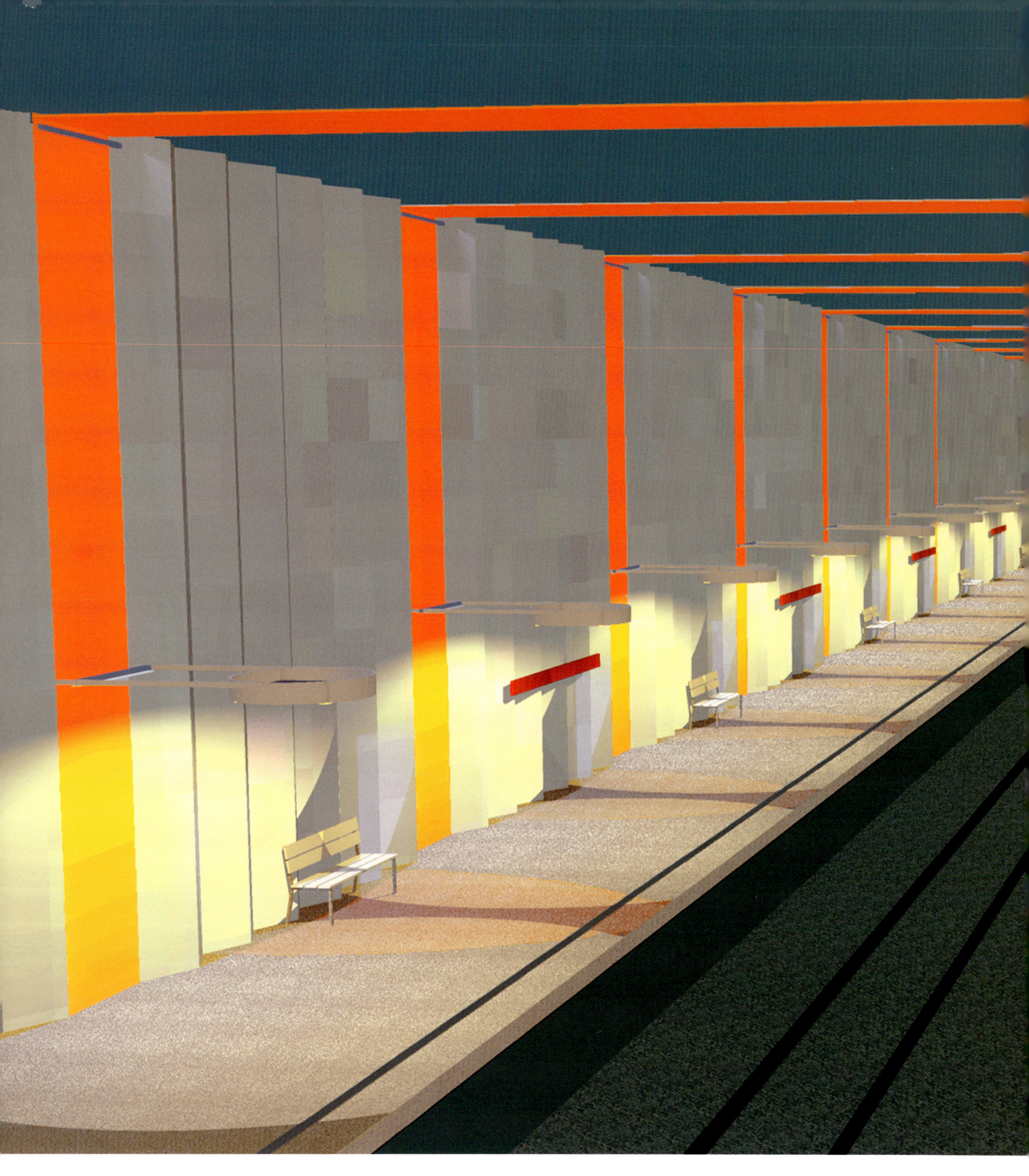

U-Bahnhof Olympia-Einkaufszentrum, München. Innenausbau

U Subway station for the Olympia Market Center, Munich. Interior decoration

Die Wände der U3 sind mit pyramidenförmigen Blechen bedeckt.
Die unterschiedlichen Formen der Wandverkleidung erleichtern dem Fahrgast die Orientierung im Bahnhof.

The walls of the U3 subway are covered with pyramid shaped metal tiles.
The various shapes on the walls facilitate the orientation of travelers.

TRUM

OLYMPIA - EINKAUFSZENTRUM

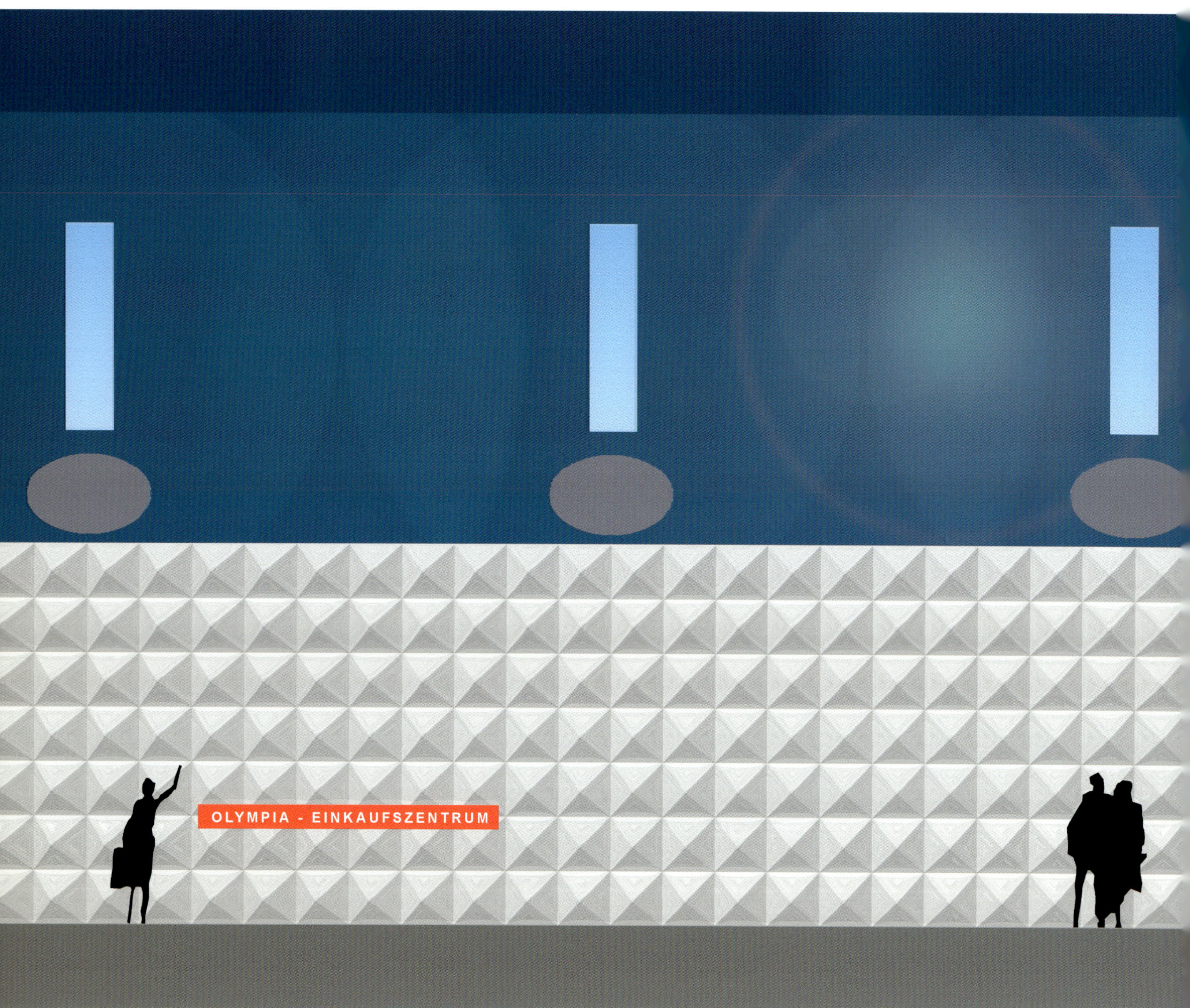
OLYMPIA - EINKAUFSZENTRUM

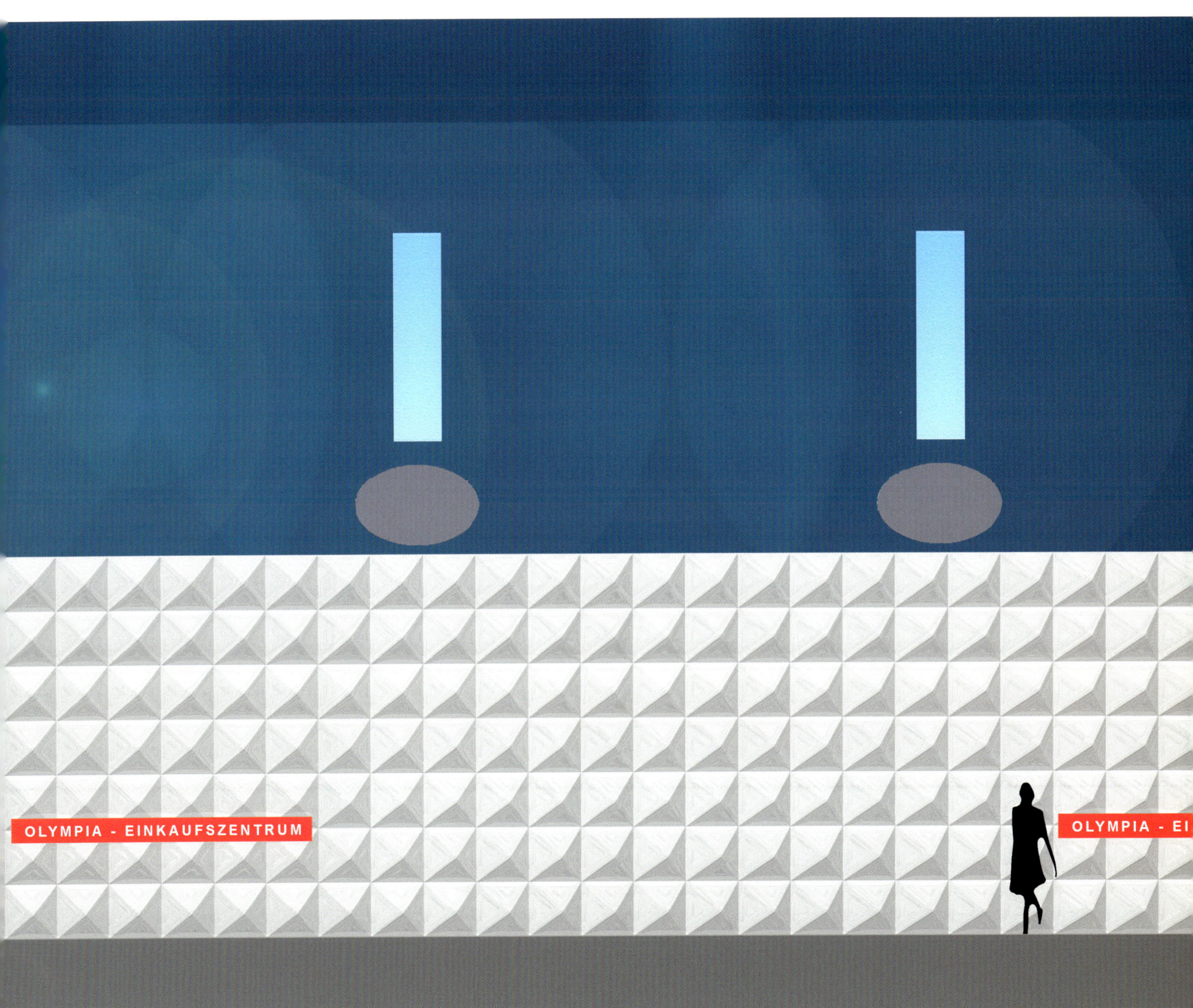
OLYMPIA - EINKAUFSZENTRUM
OLYMPIA - EI

Walther Betz

	geboren und Schulzeit Würzburg
1948–49	Mitarbeit im Büro Prof. Boßlet/ van Aaken, Würzburg
1949–53	Architekturstudium TH München und ETH Zürich
1953–57	Mitarbeit im Büro Sep Ruf
seit 1957	Architekturbüro mit Bea Betz
1960	Dr.-Ing. an der TH München

Walther Betz

	Born and went to school in Würzburg
1948–49	Employed in the office of Prof. Boßlet/ van Aaken, Würzburg
1949–53	Architectural studies at the Technical College (TH) Munich and the Federal Technical College (ETH) Zürich
1953–57	Employed in the office of Sep Ruf
1957	Established architectural office with Bea Betz
1960	Doctor of Engineering at the Technical College (TH) Munich

Bea Betz

	geboren Braunschweig, Schulzeit Berlin, Budapest und Traunstein
1949–53	Architekturstudium TH München und Carnegie Institute of Technology, Pittsburgh, USA Praktika bei Riemerschmid, Prof. Gutbrod
1954–57	Mitarbeit Büro Römmich, München
seit 1957	Büro mit Walther Betz
1979–99	Delegierte in der BAK
1984–90	2. Vorsitzende des BDA Bayern
1988–93	Mitglied der Stadtgestaltungskommission München
1994–98	Mitglied im Präsidium des BDA, Bonn
1994–98	Delegierte für den BDA im Architects Council of Europe
seit 2004	Mitglied in der Stiftung ***bau**kultur*

Bea Betz

	Born in Braunschweig, schooling in Berlin, Budapest and Traunstein
1949–53	Architectural studies Technical College (TH) Munich and Carnegie Institute of Technology, Pittsburgh, USA On the job training with Riemerschmid, Prof. Gutbrod
1954–57	Employed in the office of Römmich, Munich
1957	Established architectural office with Walther Betz
1979–99	Delegate to the Federal Chamber of Architects (BAK)
1984–90	2nd chairperson of the Union of German Architects (Union of German Architects [BDA]) Bavaria
1988–93	Member of the Municipal Planning Commission, Munich
1994–98	Member of the Union of German Architects (BDA) Executive Committee, Bonn
1994–98	Union of German Architects (BDA) delegate to the Architects Council of Europe
since 2004	Member of the ***bau**kultur* Foundation

Eberhard Mehner

	geboren und Schulzeit Bayreuth
1958–61	Architekturstudium Akademie für Bautechnik, München
1961–65	Mitarbeit in der Architektengemeinschaft Prof. Ruf, Döllgast, Kirsten, München
1965–68	Mitarbeit im Büro Kirsten in München
seit 1968	Mitarbeit/Partner Walther und Bea Betz

Oliver Betz

	geboren und Schulzeit München
1984–91	Architekturstudium TU München
1986–87	Studium HFF (Hochschule für Fernsehen und Film), München
1992	Abschlussfilm „Das Neue Paris"
1992–93	Mitarbeit Büro Behnisch, Stuttgart
seit 1994	Betz Architekten
1996	Dokumentarfilm „Das Neue Japan"
2000	Dokumentarfilm „Licht bewegt Architektur"

Eberhard Mehner

	Born and went to school in Bayreuth
1958–61	Architectural studies at the Academy for Structural Engineering, Munich
1961–65	Employed in the Architectural Partnership of Prof. Ruf, Döllgast, Kirsten, Munich
1965–68	Employed in the office of Kirsten in Munich
since 1968	Employed by/partner of Walther und Bea Betz

Oliver Betz

	Born and went to school in Munich
1984–91	Architectural studies Technical University (TU) Munich
1986–87	Studies at the College for Television and Film (HFF), Munich
1992	Final exam film "Das Neue Paris" (The New Paris)
1992–93	Employed in the office of Behnisch, Stuttgart
since 1994	Betz Architects
1996	Documentary film "Das neue Japan" (The New Japan)
2000	Documentary film "Licht bewegt Architektur" (Light Moves Architecture)

1965–86	**Zweigbüro in Würzburg**
1971	**BDA-Preis Bayern**
1973	**Kulturpreis für Architektur der Stadt München**
1979	**Civic Trust Award, Großbritannien**
1979	**British Concrete Society Award**
1981	**BDA-Preis München**
seit 1987	**Zweigbüro in Berlin**

1965–86	**Branch office in Würzburg**
1971	**Union of German Architects (BDA)-Prize in Bavaria**
1973	**Culture Prize for Architecture for the city of Munich**
1979	**Civic Trust Award, Great Britain**
1979	**British Concrete Society Award**
1981	**Union of German Architects (BDA)-Prize, Munich**
since 1987	**Branch office in Berlin**

Fotonachweis | Photo Credit

Sigrid Neubert: Seiten | pages **34–36, 66–71, 79–87, 90, 96–98, 130, 132–133**
Guido Mangold: Seiten | pages **72–73, 76–77, 131**
Pascal Hoffmann: Seiten | pages **41–43, 46, 60, 63, 65,138–139, 142–143**
Matteo Manduzio: Seiten | pages **135, 137, 140–141, 144–145**
Herrmann Schulz: Seiten | pages **91, 93–95**
Katja Wilms: Seiten | pages **164–169**
Oliver Betz: Seiten | pages **19–33, 37–39, 45, 47, 49–59, 100–127, 134, 136, 146–163**